学級に、子どもに、
届く言葉がすぐ見つかる

教師の「伝え方」大全

山田航大

明治図書

まえがき

皆さんは、伝え方を意識して子どもたちに話をしていますか?

私たちは、毎日たくさんのことを子どもたちに伝えていますよね。教科に関する内容はもちろん、生活指導から雑談まで、様々なことを子どもたちに話し、子どもたちはそれを聞いています。だからこそ、伝え方を意識し、身につけておくということは、教師にとって必要なことの一つです。

テレビの連続ドラマや映画を見ていると、そこから何かしらのメッセージを受け取ることがありますよね。例えば、「この映画から友情のすばらしさを感じられたな」「このテレビ番組からは、改めて命の大切さを学んだな」といった感じです。これらは、脚本や演出を通して、それらのメッセージを見ている人たちに届けているわけです。しかし、一気に人気が出るか、そうでないかを左右するのは、その「伝え方」です。伝え方一つで、見ている人や聞いている人の心を動かすことができるのですから、内容はもちろんのことながら、その方法を磨くことは教育のプロとしては欠かせないと思うわけです。

また、伝え方を通して子どもとの関係をより良いものにしていくことが可能だと考えています。教師であれば誰もが、子どもたちの気持ちを引き出して、それに対して的確なアプローチをしていくことを目指して関わっていることと思います。しかし、実際には簡単なことではありません。子どもも人間ですし、感情が伴ってきます。教師と児童・生徒という関係性であるからこそ伝わっている部分も少なからずあると思いますが、学級経営力を高めていく上では、立場だけに頼っていては難しい局面が必ずやってきます。そのときに頼りになるのが伝え方というわけです。

一つ例に挙げて考えてみましょう。「整理整頓をしましょう」というメッセージを子どもたちに届けたいとき、皆さんならどのように伝えますか？　シンプルに、そのままストレートに伝えますか。それとも、実際のものを見せながら伝えますか。話の内容に深みを持たせて伝えますか。まず、ここでお伝えしておきたいのは、一つの正解があるわけではないということです。目の前の子どもを見て、その子たちに合った伝え方を選ぶことはとても重要です。ただ、伝え方の選択肢をたくさん持っておくというのは教師として必要だと思っています。先にお尋ねした「整理整頓をしましょう」というメッセージを届けたいときに、ストレートな伝え方しか知らなければ、それが上手く伝わらなかったときに次に打つ手がなくなってしまいます。そうならないように、色々な引き出しを持っておくというのはとても重要なのです。本書では、皆さんに様々な引き出しを増やしていただけるよう、「伝え方大全」という形でいくつもの例を紹介しています。恐らく、皆さんがすでに持っておられる引き出しと異なる伝え方もあるのではないかと思っています。その場合は、ぜひ本書をもとに引き出しとして持っておいていただき、ここぞのタイミングで使っていただければ幸いです。

また、本書の特徴の一つとして、「全体での伝え方」と「個別での伝え方」に章立てを分けています。ここは私なりにとてもこだわっている部分で、全体で話す内容と個別に話す内容で、その伝え方は大きく変わると考えているからです。全体で伝える場合は、全体に一つの色を浸透させるイメージで話しますが、個別に伝える場合はその子に合わせて色を変えていく感覚です。こうすることで、伝え方の内容も大きく変わってくるでしょう。ここでの使い分けも、伝え方においてはポイントになります。自分のクラスの子どもたちを想像しながら読んでいただければと思います。

「伝え方」というのは、子どもとの関係だけでなく、大人同士の関係性の中でもとても大切な働きになりますよね。同じことを伝えるのにも、言葉一つでその伝わり方は大きく異なります。「言い換え」をするだけで伝わり方が滑らかになることも明らかですし、敬語を使うというのは、まさにその一つに当たるでしょう。伝え方の根源にあるのは、言葉そのものです。言葉というのは人の心を豊かにするものです。ですから、伝え方を学ぶ中で、「どのような言葉を使えば、より子どもたちの心を動かせるのかな」と考えることを忘れてはいけません。何度も言いますが、言葉が伝え方を形作るのです。本書の伝え方の紹介の中でも、色々な言葉を使いながら載せています。正直、実際に音声を通してお伝えしたいくらいです。文字だけではなかなか伝わりにくいこともあるかもしれませんが、それでも実際に話をするときを想像しながら読んでいただくだけで、イメージが具体的になると思います。つまり、本書を読み進める中で大切なのは、皆さんが自分の目の前にいる子どもたちを想像するということです。場所、雰囲気などその全てを想像しながら読んでいただくと、皆さんの伝え方は子どもに合ったものになっていくことと思います。本書を読み終えたとき、皆さんの中の引き出しがより充実したものになっていることを願っています。

２０２４年12月

山田　航大

もくじ

Chapter 1
「伝え方」にこそ学級経営のカギはある

Chapter 2

こんなとき、どう伝える？ 学級全体への「伝え方」

もくじ

Chapter 3
こんな子に、どう伝える？ 子ども個別への「伝え方」

Chapter 1

「伝え方」にこそ
学級経営の
カギはある

01 伝え方一つで学級は左右される

伝え方を磨き、マスターせよ

四月最初の教員会議。ここでは、学校全体として大切にしたいことがたくさん確認されることでしょう。例えば、その中の一つに「挨拶を徹底しましょう」ということがあったとします。皆さんなら、学級で子どもたちにどのように伝えますか？　ここでいう「どのように」というのは、「話し方」「雰囲気」「タイミング」など、色んな要素が関係してきます。だからこそ、先生によって伝え方がバラバラになりがちです。同じ確認事項を伝えたとしても、**それが「人」を介することによって、相手への伝わり方は大きく変わります**。伝言ゲームで、最後の一人まで同じ言葉を伝えるのって難しいですよね。それと同じように、色んな人を介すると、相手に伝わる温度感というのは変わりやすいものです。

伝え方を磨くことによって、相手をやる気にさせたり、感情に寄り添ったりすることができるのは間違いありません。あの有名な「ジャパネット高田」の高田さんのプレゼンを見たことはありますか。紹介されるのがどんなものであったとしても、「ちょっと欲しいかも」と思った経験があるのではないでしょうか。これってまさに、伝え方が上手いからですよね。いわゆるプレゼン力とも言えるでしょう。教師は、ビジネスとして商品のプレゼンをするなんてことはありませんが、子どもたちに伝える場面はとても多いはずです。だからこそ、「伝え方」を身につけることは、**子どもたちに伝えたい温度感をしっかりと的確に捉える**ことにつながります。

改めて、教師が伝え方を身につけるべき理由を二つにまとめてみると、次のようになります。

- **同じ内容でも、伝え方一つで効果は倍にもなるし半減もする**
- **学級経営において伝え方を磨かなければ、子どもたちには本当の意味で伝わらない**

伝え方を使い分けられるように

伝え方によって学級経営が大きく変わるのは間違いありませんが、その中でも、**使い分けること**がとても重要です。バリエーションをたくさん増やして、時と場合に応じて使う引き出しを選べるようにしておくことが、より良い効果を発揮することにもなります。一つ覚えたからもう大丈夫だと考えずに、常に伝え方を変えられるように意識するべきです。三十人学級であれば、三十通りの伝え方があると言っても過言ではありません。そのくらいの意識を持てば、間違いなく伝え方上手になれるはずです。

授業に置き換えて考えると、分かりやすいのではないでしょうか。1回の授業ですぐに理解してどんどん進んでいく子もいれば、一生懸命取り組んでいたとしても理解するのには時間がかかる子もいますよね。こうした場合には、端的に伝えることも必要ですし、同じ時間をかけて伝える方法も必要です。授業の中では、その時々で判断しながら使い分けているケースが多いと思います。

その上で重要だと言えるのは、**「持っている引き出しを全て使わなくても良い」**ということです。授業でも、事前に教材研究したことを全て子どもに伝えることが素晴らしいとは限りません。むしろ研ぎ澄ませて、限られた情報しか与えない方が良い授業になることも多々あります。日常の伝え方においても、同じことが言えると思っています。色々な伝え方をマスターしたからといって、その全てを使わなければいけないというわけではありません。子どもの実態やタイミング、学年などに応じて使い分けられるようにしておくことが大切です。ただ、引き出しの中に何も入っていなければ、それは使えないのと同じです。**使えないのではなく、使わないという選択**ができるように準備をしておく必要はあります。

学級経営というのは、多くの子どもたちがいる集団をマネジメントすることになります。個性あふれる子どもたちに対して、伝え方の使い分けをすることで、子どもたちの心をグッと動かすことができ、居心地の良い空間になっていくと考えています。

- **引き出しを増やすことで、ベストな伝え方を選択できるようにすることが大切。**
- **持っている引き出しを全て使う必要はない。使わない選択をすることも時には必要。**

02 全体指導と個別指導を使い分ける

全体指導では組織力を高める

教員にとっては、集団に向けて話をしたり指示をしたりするのは日常茶飯事ですし、それが当たり前の状況ですよね。つまり、全体指導は毎日のように行われており、年間を通して数え切れないほどの回数に上っているはずです。ここでいう全体指導とは、悪いことを正すためのものに限らず、良いことを伝えることも含むと捉えてください。

そんな全体指導が持つ意味や力は、**「組織力を高める」**ということだと考えています。組織というのは、クラスや学年のことと思っていただければと思いますが、チームとしての力を伸ばしていくことは必要不可欠です。だからこそ、組織として上向きになるために必要な手立ては全体でしていくべきです。ここで大半の子どもたちの力を伸ばしてあげるという考え方も大切です。ポイントを挙げるとすれば、次の二つです。

- **チーム内の8割の人に響いて、行動に移せるような手立てを意識する**
- **特定の子にだけ聞かせたいことと、全体に聞かせたいことの線引きをしておく**

まず一つ目ですが、これはどんな組織も2・6・2の割合で、上位層・中間層・下位層に分けられるということに基づいています。**上位層と中間層を合わせた8割**に目を向けることで、組織が大きく崩れることはなくなります。まずはここを土台としてしっかりと固めるために、全体で伝えるということは非常に大きなポイントです。

そして、二つ目にあるように、何でもかんでも全体に聞かせることが得策とは言えません。個別に話をする方が良いケースもありますし、むしろ全体で話すことがマイナスに働くことだってあります。一方で、個別よりも全体の方が効果的な場面も多々あるはずです。特に、**「良いこと」を話す場合**は、全体に聞かせることが効果的な場合が多いです。

このように、全体指導という方法の中にも、意図しておくべきことや意識しておくべきことがあるのを忘れないようにするべきです。

個別指導では個々の力をグッと伸ばす

個別指導のねらいは、やはり個々に合わせた指導をすることにあります。先に述べた全体指導では、組織全体を意識する反面、個別には浸透し切れないことが当然出てくるものです。そのため、**個別指導とセットで考えておく**ということが、とても重要になってきます。

何より、個別にすることのメリットは、**それぞれの子どもに合わせられる**ということです。例えば習い事などにおいて、マンツーマンでのレッスンはグループレッスンよりも価格が高いことがほとんどです。それは、個別の方がきめ細やかに見てもらうことができるため、より大きな効果を得られる可能性があるからでしょう。学校での教育活動においても、全体を見ながらも、個別指導が子どもにとってプラスになるように働きかけることが求められるというわけです。

では、実際に個別指導をするときには、どのようなことがポイントになってくるのでしょうか。

・自分のことを分かってくれているという感覚を持たせる
・その子だからこその伝え方をする（特別感を出す）

個別指導で考えておくべきゴールは、**子ども自身が「個別に関わってもらって良かった」と思えること**です。つまり、一つ目にあるように、「先生は自分のことを理解してくれている」と感じさせることが欠かせないわけです。これがなければ、個別指導をしても時間を費やすだけで、効果は半減してしまいます。

そこで大切になるのが、二つ目にあるような「伝え方」です。**個別だからこそ全体では話さないようなことを伝える**ことで、ちょっとした特別感が出てきます。例えば、話の流れの中で「実は先生も子どものときにね……」なんて言い方をするだけで、子どもにとってはとても嬉しくなることもあります。スポーツをしている子なら、そのスポーツを例にしながら話すことも、分かりやすくて話がスッと入っていくものです。

個別に関わることにはエネルギーがいりますが、個々の性格や本当の姿がたくさん見えてきますし、その姿を引き出すための重要なピースの一つだと確信しています。

03 伝え方に必要なコツ

五つのコツを意識して伝えていこう

上手い伝え方をするためには、やはりスキルを意識していく必要があります。言い回しが上手な人は、仕事の中でも上手く立ち回れることが多いでしょう。伝えたいことは同じなのに、伝え方一つで相手が抱く印象は良くも悪くもなり得るということです。

「○○って言ったらいいよ」「○○って伝えてごらん」というのは、関わり方の中でよく聞くアドバイスです。「こんな状況のときにはこんな風に話したらいいよ」というものです。ただ、伝え方には、**その人が持つ雰囲気や創り出す空気感**なども大きな影響を及ぼします。ですから、ただ単に言われた通りに伝えても上手くいかないことがあっても、当たり前です。

では、上手い伝え方をマスターするために必要なコツとは何なのでしょうか。先ほどお伝えしたような、その人が持つ雰囲気や空気感などとは別のスキル面についてピックアップすると、次の五つが挙げられます。

・タイミング
・場所
・回数
・話す言葉
・声のトーン

左にいけばいくほど難易度は上がります。声のトーンは五つの中で最も難しいもので、慣れるまでには少し時間を要します。ただ、五つとも身につけることは充分可能だと思いますし、こうしたことを意識して伝えるだけで、伝わり方は大きく変わるはずです。ここからは、それぞれについて、さらに具体的にお伝えしていきます。

04 コツ① タイミング

ここぞというタイミングを逃さない

何をするにも、タイミングって大事ですよね。日常生活の中でも、「もうちょっと早ければ……」「あと少し遅ければ……」といった感覚を抱くことは少なからずあるのではないでしょうか。伝え方においても同じことが言えます。**タイミングを間違うことによって、上手く伝わらない**ことが出てきてしまうのです。

ただ、基本的には、「早過ぎて良くなかった」というケースはほとんどないと考えて良いと思います。周囲との整合性をとってから動き出すべき場合などを除き、**基本は早く動くに越したことはない**です。「また今度話したらいいか……」という感覚では、子どもに伝わりやすいタイミングを逃すことにつながりかねません。

では、的確なタイミングを逃さないために必要なことは何なのでしょうか。それは、**「子どもの表情を見ること」「直後」**の二つです。

「子どもの表情を見ること」によって、子どもの表情の変化がよく分かります。例えば、グループ活動の後に教師に何も言ってこなくても、こちら側が表情を見取ることで、個別に声かけをして話をすることができます。これこそ的確なタイミングです。

「直後」は、トラブルの直後もそうですし、子ども自身が何かを頑張った直後もそうです。**その子にとって、最も感情が高まっているのが「直後」**です。そのタイミングを逃してはいけません。「落ち着いてから詳しく話をする」という場合もありますが、その場合でも、まず「落ち着いてから話をしよう」という声かけをしっかりとしておくことが大切です。

・基本は早いタイミングで伝えることが大切
・タイミングを逃さないためには「子どもの表情」「直後」がポイント

05 コツ② 場所

話す内容によって場所を変える

子どもと個別で話す場合、皆さんはどこで話をしていますか？　恐らく、教室の教員机であることが多いのではないでしょうか。場所を変えて話をすることは、時間的にも空間的にも難しいことがあるかもしれませんが、いくつかの選択肢を持っておくことはとても重要です。

例えば、子どもの問題行動に対して話をしなければいけない場合、周りの子に聞かれる可能性がある教室で話すよりは、周りに聞かれないような静かな場所で話す方が良いこともあります。その子自身の本音を聞きたいときには、他の子がいる場所では話しづらい子もたくさんいるはずです。ですから、教師が話しやすい場所を作ってあげることも必要なのです。

泣いている子に話を聞くときや、「泣くかもしれないな」と想定できるときには、「場所、変えた方が良さそう？」と本人に尋ねるのも良いかもしれません。

一方で、個別に褒めてあげる場合には、周りに他の子がいる教室や廊下などの、目立つところの方が効果的なことが多いです。先生に呼ばれて話をしている姿を、周りの子たちは「叱られているのかな」と捉えることが多いと思います。あえてその逆のことをしてあげることで、**「先生と話をしているのって、悪いことばかりではないんだな」**と認識させることができます。また、他の子がいる前で個別に褒めることによって、その子の頑張りを他の子たちに知ってもらえることにもつながります。

このように、場所一つ考えるだけでも、個別指導による効果が大きく変わります。だからこそ、校内で使える場所の選択肢を考えておくことをおすすめします。

- **子どもが安心して話せるような場所の選択肢をいくつか持っておく**
- **他の子に聞かれても良いのか、そうでないのかによって、場所を変える判断をする**

06 コツ③ 回数

1回だけで完結させないようにする

個別に話をするときには、内容ももちろんですが、実はその**回数**も重要なポイントです。多ければ多いほど良いというわけではありませんが、1回だけで終わらせるものだというのも少し違います。回数について意識するべきことは、次の二つです。

- **1回目に話すときに、メインの指導は終わらせる**
- **2回目以降に話すときは、子ども自身の気持ちが高まるような声かけをする**

仮に、問題行動の後の個別指導だと想定しましょう。まず、基本的には**1回目で指導を**

全て終わらせてしまうことが大切です（その前に事実確認のための聞き取りがあった場合などは、別の回数だと捉えてください）。一つの指導に対して何度も回数を分けて話されるのは、子どもにとっても辛いだけですし、効果は半減してしまいます。また、話す時間も長過ぎないように気をつけるといった配慮が必要です。

そして、ここからが個別指導として大切なところです。**1回目の話が終わった後の子どもの姿をよく見て、その子自身の良さが行動となって表れているところをよく見る**のです。具体的には、「切り替えて授業に積極的に参加していた」「友達との関わりで優しい姿が見られた」など、1回目に話したこととは全く異なることでも、些細なことでも構いません。とにかくその子自身の素晴らしいところを見つけて、2回目の個別対話の話題にするのです。2回目に伝えることとは、「さっきのことはさっきのこと。あなたにはこんな素晴らしいところがあるんだよ。それが見られて嬉しかったよ」といった称賛の言葉です。これによって、子どもの心はグッと動きます。

個別指導は1回で終わらせない。これを意識するだけでも、子どもたちを見る視点が広がり、子どもたちとの対話が増えることにもつながります。

07 コツ④ 話す言葉

響く言葉を手探りで見つけていく

ここからはやや難易度の高いコツです（私自身、上手くいかないことがありますし、時間を要します）。ただ、「伝え方」においてより良い効果をもたらすことは間違いありません。

個別指導の中で話す言葉は、子どもたちにより大きな影響をもたらします。その理由は明確で、1対1で話しているからです。全体に話をしているときとは異なり、**自分に向けられている**ということがよりはっきりと実感でき、それだけ言葉の持つ意味が大きくなるのです。話す言葉を考えていくポイントは、次の二つです。

・その子自身の好きなことや興味のあることをたとえに使う
・その子自身が頑張っていることを認めながら話す

個別に話をすることのメリットは、その子に応じた対話ができることにあります。ですから、それを活かすに越したことはないというわけです。**その子が好きなものや興味のあること**をたとえにしたり話題にしたりすることによって、より話は響きやすくなるでしょう。

また、**その子自身が日常的に頑張って取り組んでいること**を認めることも必要です。例えば宿題忘れが多い子がいたとして、その子が習い事でスポーツをしていれば、スポーツの練習をたとえにしながら話をすることで習慣付けの大切さを伝える、といった流れです。

また、話をしていく中で、**その子に響く言葉は何なのか**が見えてきます。習い事のことが響く子もいれば、家族が話題になると響く子もおり、様々です。だからこそ、本当の意味で心にグッと響く対話をするためにも、手探りであっても効果的な言葉を探しながら対話を続けていくことに大きな意味があります。

08 コツ⑤ 声のトーン

低い声と高い声を使い分ける

声を使い分けるというのは、すぐにできることではないかもしれません。しかし、声の高低によって、相手が受け取る印象は大きく変わってきます。音による効果は様々ですので、答えは一つとは言い難いのですが、ここでは私が普段意識していることをお伝えします。

- しっとりした雰囲気で話す場合は低い声
- 明るい雰囲気で話す場合は高い声

音楽鑑賞をするときを想像してみてください。低い音を聞いているときと高い音を聞いているときに抱くイメージは、大きく変わりますよね。楽しい雰囲気になったり、悲しい雰囲気になったり。こうした雰囲気を、音を通して創り出すというわけです。

真面目で真剣な話をしたいときには、少し低い声を意識してしっとりとした空間を作ります。**友達関係について話しておきたいときや、教室で起こった出来事について他人事と捉えずに自分事として捉えてほしいとき**などがそれにあたります。一方で、子どもたちに少し肩の力を抜いて聞いてほしいときなどには、少し高い声を意識します。

元々、出せる声の音域は、人によって異なるものです。無理をする必要はありませんが、常に一定の声で話すより、少しの切り替えを意識するだけでも、子どもたちの中で勝手にスイッチが切り替わります。実際に、それによって子どもたちが切り替わるのを私自身は何度も目にしてきました。それが浸透してくると、声一つで子どもたちにメッセージが伝わるようにもなってきます。「今から真剣な話だな。しっかり聞こう」「冗談が混ざっているような話だし、ちょっと肩の力抜いたらいいや」といった感じです。これも一つの手段として考えておいていただくと良いかと思います。

09 まずは事前指導の伝え方で種を植える

事前指導で手を打てるようになるとラク

学級経営にトラブルはつきものです。また、行事やイベント事になると、予想外のことが度々起こるのは間違いありません。ですから、その時々でどのような手立てが打てるのかという対応力は必要不可欠です。しかし、事が起こったときに初めて何かの話をするよりは、**そうしたことが起こることを想定した上で、事前に何かしらのことを伝えておく**方が、いざというときの伝わり方は全く異なります。だからこそ、事前指導はとても大きな役割を果たすのです。

事前指導をするとなると、実際に何が起こりそうかを考えて準備をしたり、リスクマネジメントを考えたりすることになります。また、何を話すとより伝わるかについてもじっくりと考える必要が出てきます。それらを組み立てながら子どもたちに伝えることによって、意味づけがはっきりとされていくのです。具体的な事例については、本書の中でたくさん記していますが、例えば、行事のときに子どもたち同士の関係がぎくしゃくすることを想定しておけば、それについて事前指導ができるはずです。もちろん、何かが起こってからの事後指導も大切ですが、その前にどういう話をしておくかによって、事後指導での伝わり方にも影響します。**事前指導とは、何か事が起こることを予想・想定しての種まき**だと考えてみてください。種をまいていても芽が出るかどうかは分かりませんが、事後指導が発生したときに芽が出たら、それで大丈夫です。芽が出なくても、それはそれで問題ありません。

トラブルが起こったときの対応には、とてもエネルギーがいるものです。そのときにラクになるためにも、事前指導を意識してみてください。

- **事前指導によって、意味づけをはっきりとしておく**
- **事後指導に向けて種まきをたくさんしておくという感覚を持つ**

事前指導の意味づけとは

意味づけとは、子どもたちが**「なるほど。だから○○はしてはいけないのか」「確かにそうだな。だからこそ、○○を大切にしていこう」**と感じられるようにすることを指します。ですから、単に「○○は大切なことだから気をつけようね」「○○はしてはいけません」などと伝えるだけでは、意味づけをしたことにはなりません。大人でも、理不尽なルールやきまりごとには納得できないし、不満も溜まっていきますよね。それは子どもたちにとっても同じことです。一方的なことだけでは、子どもたちへの伝わり方は不十分になってしまいます。

意味づけにはたくさんの方法がありますが、私が今回お伝えしたいのは、**「何かを例に挙げる」**という方法です。一般論のような語り口調だけでは、子どもたちには伝わりにくいことが出てきます。聴く側からすると、面白くもないし、もし分かっていることであれば聞く気にもならないからです。同じことを伝えるのにも、何かエピソードや例に挙げることがあれば、話の内容は断然面白くなります。

例えば、「努力することの大切さ」を伝えるとき、分かりやすいのはスポーツ選手の言動を例に挙げることです。オリンピックやワールドカップなどがある年なら、なおさらそうしたエピソードはたくさん出てくるはずです。そうするだけで、説得力が大きく変わります。有名人の言動というのは、子どもたちに響きやすいものです。大人の場合でも、芸能人やスポーツ選手が使っているものがよく売れるのと似ています（「有名な方が使っている」「モデルや芸能人御用達」などの言葉が入るだけで、注目されますよね）。

今、私が説明したことも「何かを例に挙げる」という手段をとっています。これがなければ、同じことをつらつらと言っているだけになりかねないからです。日常的に「何かを例に挙げる」ということを意識しておくと、説明上手になっていきます。私も普段から、大人同士の会話の中でも意識しています。ぜひ皆さんも心がけてみてください。

10 1on1で心を大きく動かす

1on1にたくさん時間をかける

伝え方には全体指導と個別指導があることは先に述べた通りですが、やはり個別指導にたくさんの時間をかけることを忘れてはいけません。もちろん、全体指導の中で子どもたちに響くこともたくさんあるはずですが、常にそんなことが起こるわけではありません。**個別で対話することは、学級経営の柱の一つ**だと考えておくべきなのです。

さて、皆さんは、個別の対話にどれだけ時間をかけていますか。毎日の中で、そうした機会はありますか。大前提として、個別の対話の内容は、決して悪いことばかりと考える必要はありません。良いことをしたときにも、個別に話をしてしっかりと褒めたり、認めたり、次につながるような声かけをしたりするのです。これを意識するだけでも、子どもたちを見る目が大きく変化してきます。

「たくさんの時間をかける」というのは、1回あたりの時間を長くするというよりも、その回数を意識するべきです。私も1日の中で、色んな子とたくさん話すようにしています。初任の頃に、「『今日は○○さんとは絶対話そう』という日々を繰り返すと、クラス全員と個別に話すことができるよ」と教わったこともあります。個別の対話にかける時間は、その子への理解の深さと比例します。そして、それは子どもにとっても必要な時間になります。

回数を考える上で必要なのは、**多過ぎず少な過ぎず**という感覚です。1回きりで終わるともったいないケースもあれば、何回も呼び過ぎてしつこくなってしまうケースもあります。この感覚を誤れば、個別に話すことが逆にマイナスになってしまいます。

特に、「呼び過ぎる」ことには気をつけておくべきです。「またか……」と子どもが感じるようになってしまうと、もう1 on 1が意味をなさなくなってしまいます。逆に、1回きりで終わる場合には、**フォローが行き届いているか**を気にかけておくべきです。私は2回話すことが多いのですが、それは、先に述べた通り、1回目を話した後の子どもの行動をよく見て、何か変化があったり、良い行動をしたりしていたら、それをすかさずフィードバックとして伝えるためです。何においてもそうですが、伝えるのにはその瞬間が良くて、間を空け過ぎるのは良くありません。時間が経って冷めてしまっていると、そのときの感情を呼び起こすのには時間がかかってしまうからです。やはり、タイミングが大切なのです。**迷ったら後回しにせずに、その瞬間にする**ことを心がけましょう。

- **回数を意識して個別に話す時間をしっかり作る**
- **タイミングを意識して個別に対話する**

表情をよく読み取って話す

1on1のときに大切なことの一つに、**「表情をよく見る」**ということが挙げられます。話をする中で表情を見ながら、教師側が出方を変えることは欠かせません。表情が曇っているときには「少し本音を引き出せるようにした方が良いかな」と判断し、真面目なことを話しているときに表情が緩んでいたら、「あまり聞けていなさそうだから、少し注意しておこう」と判断する、というように、その時々に状況判断をすることが必要になります。

みんなで遊んでいるときに、一人で輪の外で見ている子がいたので、声をかけて話をしたことがあります。そのときのその子の表情は、どこか本音を隠しているように読み取れました。そこで、少し踏み込んで「何か思っていることがあるんじゃない？　話してごらん」と伝えました。その子は結局、「見たいだけだから大丈夫」と話して終わってしまったのですが、今後につながる対話になったとそのときに感じました。本音を話してくれるチャンスがその瞬間にあるとは限りませんが、表情をよく見ておくことで、子どもたちが感じていることや思っていることを予想しながら個別に話をすることにつながります。何気ないことかもしれませんが、そうした些細なことが、個別に関わる中ではとても重要なピースの一つになってくるのです。

11 「何を言うか」よりも「誰が言うか」を意識する

説得力があるのは当事者の言葉

学級経営の中で、話す割合が多いのは圧倒的に担任です。行事などの機会に、学年主任の先生が話したり、校長先生が話したりすることはあるかと思いますが、その時間は1年間全体で見れば、微々たるものになるはずです。ですから、ついつい自分一人で全てを話さなければならないと思いがちです。それは自然な流れですが、ここでは、少し違う視点を持っていただければと思っています。

何かを伝えるときには、**その人だからこそ伝えることができること**があるはずです。例えば、野球をしたことがある人は、野球をしたことがない人よりも野球の面白さや大変さを伝えることができるはずです。もっと言えば、プロ野球の選手の口から言えば、「野球は面白いしぜひやってみてね」という一言にも大きな説得力が生まれます。こうしたことをふまえると、学級担任も、時には**「あの人の言葉を借りて伝えよう」「あの人に伝えてもらった方が伝わるだろうな」**といった視点を持っておくべきです。

特に、誰かの言葉を借りるというのは、私がよく使う方法です。YouTubeなどでインタビュー動画を見せることもありますし、時には音楽を聴いてもらってその歌詞に注目させることもあります。教師が伝える一言よりも効果はグッと高まりますし、子どもたちにとっても印象深くなります。

- **その人だから伝えられることを伝える**
- **誰かの言葉を借りて伝えることで記憶に残る伝え方になる**

校内で連携し合える関係づくり

誰かの言葉を借りるというのは、何も著名人だけではありません。一番身近なのは**校内の同僚や管理職の方々**ではないでしょうか。こうした人たちと連携しながら、時にはその人たちの言葉を借りられるようにしておきましょう。気軽に「あの話を子どもたちに話してほしいんだけれど、いいですか？」とお願いできるようにするということです。そのために必要なのは、**同僚の先生方のこれまでの経験や得意なことなどを知っておく**ということです。つまり、日常的な雑談が活かされるわけです。些細なことでも子どもたちに伝えるきっかけになるかもしれないと思えば、雑談もとても有意義な時間になるのではないでしょうか。

例えば、災害について話をしたいときに、具体的なエピソードを交えた当事者の話は、子どもたちの心を動かします。阪神淡路大震災や東日本大震災の話を子どもたちに伝えるとき、動画を見せるのも一つの方法ですが、兵庫県や福島県出身の先生がおられたら、その方々にお話していただく方が、心に響くはずです。実際に私もそうしていただいたことがありますが、絶対に自分には真似できないなとも実感しました。なぜなら、**経験していないことは深く語れない**からです。子どもたちの食いつきもまるで異なります。

自分には話せないことがあっても悪くないのです。そういうときこそ、誰かの言葉や話を通して子どもたちに伝えていきましょう。

- **校内連携を通して、適任の人に話してもらえるような関係づくりをする**
- **同僚の先生たちのことを知り、ここぞのときに話してもらえるネタを見つける**

12 色んな配慮をした伝え方を身につける

配慮をすることが伝わり方に直結する

ここまで伝え方についてたくさん述べてきましたが、その時々の状況が、いつも同じなわけはありません。そのため、**色んな配慮を身につける**必要があります。

例えば、教室内で走り回っている状況が続いているとしましょう。そんなとき、一人の子が「先生、困っています」と伝えに来たとします。その返答として、「クラス全体に教室内での過ごし方について話すね」と伝えることは自然な流れだと思います。さて、ここで皆さんなら、伝えに来た子の名前を挙げますか？

「〇〇さんが先生に伝えに来てくれたのですが……」と全体に伝えることで、その子自身が先生に言いに行ったのだと皆が知ることになります。子どもによっては、名前を挙げられることが気になる子もいます。そのため、事前に**「先生から名前は挙げずに伝えることもできるけれど、どうする？」**と本人に尋ねておくことが大切です。名前を挙げない場合は、「教室内で、最近走り回っている子が見られます。困っている子もいるように見えるので、気をつけて過ごしましょう」などと、はっきりと名前は挙げずに伝えれば良いのです。こうした配慮を続けることによって、子どもたちも安心して先生に話そうという気持ちになってくれることでしょう。何にせよ、「本人がどうしたいか」という部分を大切にして、他の子に伝える段階に移るべきだというのは間違いありません。

- **「本人はどうしたいか」を考えた配慮をする**
- **丁寧な確認の上で伝えたり、環境面を考えたりといった配慮も必要になる**

「伝えた」という感覚よりも「伝わった」という感覚

教師側は、話したり行動したりすることによって「伝えた」という感覚になります。しかし、**子どもたちに「伝わった」かどうかが最も重要である**ことを忘れてはいけません。良いエピソードだと思って事前に準備をして伝えたとしても、子どもによってはなかなか響かないこともよくあります。そこで、「伝えたからもう終わり」とするのではなく、**次の伝え方を模索するフェーズに移る**べきなのです。これも、子どもたちに伝える中での配慮の一つだと思います。伝わっていなければ違う方法を模索しながら伝えることで、どこかで響く瞬間がやってくるかもしれません。

「伝わった」という感覚は、子どもたちの表情や行動になって表れてきますが、それがすぐに表れるとは限りません。ただ、教師側が丁寧に伝えようとする姿勢は子どもたちに伝わっていきます。

私が先輩の先生からいただいた言葉に、印象的なものがあります。**「変わった子だけを認めるというのは、変わろうとしているけれど変われない子を否定していることになるよ」**というものです。変わろうとしているけれど変われない子への配慮というのはとても難しいケースが多々ありますが、そういう子もいるのだと理解して一つ一つ伝えるだけでも、伝え方が変わってくるはずです。

伝え方は、日々磨かれていきます。試行錯誤しながら伝えていきましょう。

Chapter 2

こんなとき、どう伝える？
学級全体への「伝え方」

01 学級開きで担任としての思いを伝えたいとき

新年度が始まってすぐの学級開きは、誰もが万全の準備をして臨むものです。担任としての思いを伝える絶好のチャンスであり、伝え方一つで印象も大きく変わります。担任のイメージを抱かせることをねらいとする伝え方です。

学級開きであなたのイメージが決まる

学級開きでは、教師として子どもたちに伝えたいことがたくさんあることでしょう。自己紹介はもちろん、担任として大切にしたいことや、どのようなクラスにしていきたいかなど、挙げ出したらキリがありません。そんな学級開きは、子どもとの出会いの時間です。

だからこそ、伝え方によって、子どもたちに与える印象が大きく変わるのです。そして、**子どもたちにどのようなイメージを抱かせたいのかというねらい**を持って学級開きをするべきです。特に、何を伝えたいのかはしっかりと決めておきましょう。

伝え方

T 今日から○年△組がスタートします。このクラスは一生に一度だけのクラスで、二度と同じクラスになることはありません。だからこそ、みんなと今日出会えたことが嬉しいですし、この出会いに感謝しています。ありがとう。

こうした伝え方を、私は学級開きに限らずよくします。それだけ新しいクラスになったことへの喜びや大切さを感じ取ってほしいと考えているからです。**「この先生と出会えて良かった」「良い一年間になりそうだ」と感じて下校すること**を、私は学級開きの一番のねらいとしています。そのねらいに沿った伝え方が、このような伝え方です。

中には「面白い先生だな」や「ピシッとした印象の先生だな」と感じてもらうことをねらいとしたい先生もおられると思います。その場合は、それに合った伝え方を準備しなければなりません。学級開きで様々なゲームやレクリエーションをされる先生は多いと思いますが、その背景には、それらを通じて「面白いことや楽しい時間を作ってくれそうな先生だな」や「友達と楽しく過ごせて良かった」などと子どもたちに感じ取ってもらうことがねらいの一つとしてあるはずです。

伝わりやすい環境を意図的に作り出す

例えば、「面白い先生だ」という印象を与えたい場合、皆さんなら学級開きで何をしますか。教師から子どもたちに向けて一方的に話をしているだけでは、面白い先生とはなりにくいでしょう。初めて出会う子どもたちは、担任からの話となると、少しは緊張感を持っているはずです。面白い＝笑いがあると捉えるならば、ゲームのような活動を入れて、教師が子どもたちを笑わせるような時間が必要です。

一方で、学級におけるルールの大切さについて話したいと考えるならば、しっかりと話を聞けるような環境を作ることが妥当なのではないでしょうか。伝えたいことが伝わるようにするためには**環境づくり**も大切です。

伝え方

T　みんなには、たくさん大切なことを教えたり伝えたりする一年間にしたいと思っています。だからこそ、まず皆にしてほしいことは「目を見て話を聞く」ということです。皆が相手の目を見ることで、聞く雰囲気ができ上がります。先生だけでなく、周りの人の話を聞くことを大切にしてほしいからこそ、その姿勢を身につけてほしいです。

C　（目を見る姿勢になる）

T　その姿勢です（称賛する）。この雰囲気があれば、話を聞いてグッと前に進めるクラスになると思いますよ。

02 自ら整理整頓ができるようにさせたいとき

年度初めに整理整頓の大切さを伝えたいときや、整理整頓があまりできていないと感じたときに有効な伝え方です。それによって、子どもたちが自ら整理整頓をすることが習慣になり、学級の環境も整うことにつながります。

なぜ整理整頓が大切なのか

整理整頓ができるようにさせたいときには、**「面倒くさい」という感情を上回るような意味づけ**が必要です。この感情をなくすのは難しく、否定し過ぎないようにしたいものです。整理整頓が重要な理由は、具体的なエピソードを交えて伝えるようにします。

伝え方

T 整理整頓の大切な理由の一つに、「ブロークンウィンドウ理論」というものがあります。これは、都市環境において割れた窓を放置すると、さらに窓が割られたり、別の犯罪が増えたりするという理論です。ここから伝えたいことは、「ちょっとくらい汚くてもいいや」ということの積み重ねによって、教室環境は乱れていくということです。教室は皆が使う場所だからこそ、環境を整えることが必要だと思っています。だからこそ、一人一人が整理整頓を心がけることによって、皆が気持ちよく過ごせる環境を作り出せるはずです。

「ブロークンウィンドウ理論」とは**「割れ窓理論」**とも言われますが、都市環境を整えるために提唱された理論です。それを具体例として紹介することによって、環境を整えることの大切さに目を向けさせることがねらいです。より身近な例としては、駅のゴミ箱にゴミが溢れていたら、あまり罪悪感を覚えずにそこにスッと捨てられるかもしれませんが、ゴミ一つない美しい駅であれば、そのようなことをしようとはなかなか思わない、ということも伝えることができると思います。

心理面にも関わってきますが、子どもたちの行動を変えるきっかけになる例だと考えています。

実感の伴う整理整頓を経験させる

次に大切なことは、**「実際に整理整頓をするときに、どこを見ているかを感じてほしい」**ということです。紹介するのは、実感を伴うように活動を取り入れた伝え方です。

活動の前には、「今から、教室がもう十分綺麗になったと思える状態にしてみてください。自分が必要だと思うところをやってくれたら大丈夫です。先生は、『ここ掃除して』とは一切言わないから、全て皆に任せます」とだけ言って始めてもらいます。

ここでのポイントは、次のような活動後の伝え方にあります。

伝え方

T 今の皆の活動を通して、皆から「雑談」はほとんど聞こえませんでした。それだけ集中していたということですよね。整理整頓で教室を見渡していると、色んなところを注意深く見るようになっていたということです。

C 気になったところがたくさんありました。

T そうですよね。それに加えて、〇〇さんには驚いたのですが、どこを掃除していたか知っている人はいますか。実は、△△のところを一人で取り組んでいました。他の人がやっていないところを見つけて取り組むというのは、美しい環境を作る中で必要になってきます。今回の活動を通して、皆は細かいところにまで気付く目を持つことができたと思いますよ。

整理整頓の大切さをグッと実感させることができる取り組みとして、おすすめです。

03 時間を守らせたいとき

授業の開始時間、休み時間の終わり……学校生活の中で、子どもたちが決められた時間を守れない状況になったときは、守れるように伝えなければいけません。そんなときに効果的な伝え方です。

時間を守る＝約束を守ること

「時間を守りましょう」と言うのは簡単ですが、具体的な中身を伴った伝え方となると、難しいものです。ここでは、「決まった時間」を**「約束の時間」**として捉えさせるようにすると、話が伝わりやすくなります。

伝え方

T 時間を守るというのは、約束を守ることだと先生は考えています。例えば、授業開始時間に先生が遅れてきたからといって、授業終了時間を延ばしたら、皆はどう思いますか。

C 休み時間がなくなったり、給食時間が遅れたりするから嫌です。

T 当然、そう感じますよね。だからこそ、皆も時間を守ることを大切にしてほしいです。駅で電車が常に遅れてきたら困るのも同じですよね。皆には約束を守れる人になってほしいと思っていますが、その一つには時間が関係しているのですよ。

後でも度々出てきますが、**「皆にはこうなってほしい」という思いを伝える**ことが大切です。約束を守ることは、子どもたち自身にとっても大切なことです。約束を破られると嫌な気持ちになることを子どもたちは理解しています。だからこそ、そのことを引き合いに出しながら、時間を守ることの大切さに改めて気付かせるきっかけにしていきたいものです。

時間に関するメリットとデメリット

伝え方には、**「それをすることによるメリット」**を伝える方法と、**「それをやらないことによるデメリット」**を伝える方法の二つがあります。それらを伝えることによって、子どもたちはメリットを意識して取り組んだり、デメリットが生まれないように気をつけたりするようになっていきます。時間を守ることにおいては、次のような伝え方になります。

伝え方

T　時間を守ることによるメリットは何だと思いますか。
C　スタートが揃って周りに遅れないようになることだと思います。
T　スタートが揃うというのは気持ち良いことですよね。つまり、それは整うということです。授業開始時に全員が時間を守っていれば、教室内で学習に向かう姿勢が整い、授業も素晴らしいものになっていくでしょう。皆とそうした授業を作っていきたいと先生は思っています。では、逆に時間を守らなかったらどんなデメリットがあると思いますか。

C　だらだらとした雰囲気でなかなか始められなくなってしまいます。

T　授業開始が遅れたら、先生が予定していたところまで進められない可能性が出てきます。そうなると、時間を守っていた人の学習時間を保障できないことにもつながるわけです。全体の動きが止まらないようにしないといけませんし、競走ではスタートダッシュに遅れると後々取り戻すのは大変です。それは授業でも同じことが言えますね。

これによって、周りのことも気にかけながら行動する大切さを伝えることにもなります。時間を守るというのは学級経営においてもとても重要なことだと思いますので、丁寧に伝えるよう心がけてほしいと思います。

04 ルールの大切さを伝えたいとき

学校や学級の中で守るべきルールはいくつかあるでしょう。ルールをなぜ守らなければならないのかということには、しっかりとした意味づけが必要です。押し付けられていると感じさせないような伝え方を心がけたいものです。

安心できる空間づくりのために必要

ルールはなぜ必要なのでしょうか。それを子どもたちに説明するための意味づけははっきりとさせておかなければいけません。「ルール」と言われると、力が強く働くと考えておくべきです。その上で守ることができるような伝え方が必須です。

伝え方

T 世の中にはたくさんのルールがありますよね。例えば、法律を守らなければ警察に捕まってしまうことだってあります。それは、ルールを守らないことによって、害を与えられたり傷付いたりすることがあるからです。学校でもルールが守られなければ、皆の安全を確保できなかったり、安心して過ごす空間ができなかったりしてしまいます。ですから、まずは最低限守るべきルールはしっかりと確認し、守れるようにしていきましょう。

このように、**ルールというものの全体像**をまずはつかませることから始めます。これに付随して、具体的なルールについていくつか話すと良いでしょう。このとき、話す順序にもこだわってみてください。**優先度が高いと考えるものから話し、何日かに分けて話す**と効果的です。聴く側の視点にも立って、一つ一つ丁寧に意味づけをしていきましょう。

ルールを変えないわけではない姿勢

「先生、ルールを変えたいんですけど……」と子どもたちが言ってきたら、どのように対応しますか。「ルールだから無理なんだよ」と返していませんか。全てのルールを変えられるわけではありませんが、状況やニーズによって教師が臨機応変に動こうとする姿勢を見せることは、とても大切なことです。世の中でも、変更になっているルールなんて山ほどあります。ですから、子どもたちの声にも耳を傾けつつ、**ルールを変えるために必要なことを伝える**ことも時には有効な伝え方だと言えます。

伝え方

C　先生、変えたいルールがあるんですけどいいですか？
T　どうしてルールを変えたいの？
C　ルールを変えた方が自分たちが楽しめるからです。

T　なるほどね。確かに今のルールのままだったら、なかなか満足に過ごせないってこともあるよね。それは先生も理解したよ。ただ、すぐに学校のルールを変えるって難しいことなんだよ。実際にルールを変えた場合に、他の学年の子どもたちにとって不都合がないかを確認することも必要だから。それでも、あなたたちが感じたことは間違っていないこともあるから、先生たちでも今後検討しながら話し合ってみるね。変わると約束はできないけれど、伝えてくれて良かったよ。

C　ぜひ、よろしくお願いします。

グラウンドでの遊び方や休み時間のことなど、特に遊びに関しては、子どもたちはとにかく一生懸命です。だからこそ、「ルールだから」と突き返すだけではなく、**子どもたちの意見には理解を示しつつ、できることとできないことを丁寧に伝えていく**必要があります。また、学校の中に代表委員会のような学級代表や学校代表の子どもたちが話し合う場があれば、そうした場での話題にしてみるのも良いかもしれません。まさに、子どもたちが主体的に動く姿勢へとつながると思います。

05 言葉遣いが気になるとき

教室内で、子どもたちが相手に話すときの言葉遣いが気になりだしたら、学級経営としては少し気を引き締め直すときと言えます。言葉の大切さや重さについて伝えることによって、丁寧な言葉遣いができるようにしていくことをねらいとしています。

言葉の重さを伝えておく

人と関わっていく中で、言葉はとても大きな役割を果たします。ですから、決して軽いものだと捉えないように、子どもたちにも伝えていくべきなのです。言葉一つで相手の心を明るくもするし、暗くもするのです。

伝え方

T 教室内で聞こえてくる言葉が少し気になるのですが、皆さんはどうですか？
C 確かに良くない言葉が聞こえてくることが増えてきたかも……。
T 言葉というのはとても重たいものだということを、皆さんには知っておいてほしいです。時には相手の心を勇気づけるとても素晴らしいものになりますが、時には相手の心を傷付ける刃のようなものにもなり得るのです。自分にとっては何気ない普通の言葉でも、それを聞いた相手や周りの人がどのような気持ちになるのかを考えてみてください。それに、発した言葉を取り消すことはできません。謝ることはできたとしても、無かったことにはできないのです。こうしたことを含めて、使う言葉には気をつけて話しましょう。暴言が許されていないのは、こうしたことも理由の一つだと思っています。

ごく普通の伝え方のように思われるかもしれませんが、実はこうしたことがとても大切なのです。「言葉」という、日常的に、当たり前のように使っているものと向き合う時間を意図的に作ることで、伝えたことが子どもたちの中で大きなものになっていくのです。だからこそ、時々はこうした時間を確保するべきだと思っています。

ネットでの言葉も含めて伝える

最近は、インターネットでの誹謗中傷が大きな話題となっています。子どもたちにも、インターネットでの言葉遣いについて、あわせて伝えておくべきでしょう。

Instagram や YouTube などのＳＮＳや動画サイトを目にする子どもたちは多数います。そうしたところを情報源とすることにより、子どもたちの言葉遣いが変化していく可能性もあります。情報源として使うことが悪いというわけではありませんが、言葉遣いとしてはやや不適切だったり乱暴に聞こえたりするものもあります。その善悪を、子ども自身が判断できるように伝えてあげることは必要です。

伝え方

T　YouTubeなどの動画やSNSで、色んなものを見たり聞いたりすることはたくさんあると思います。便利なものが、世の中で広まっていることはとても良いことですよね。でも、皆さんには一つ気をつけておいてほしいことがあります。その中で、色んな人が使っている言葉遣いについて、良いか悪いか自分で判断できるようになってほしいということです。「ネットで使っていたから大丈夫だ」という浅はかな判断はやめてくださいね。聴く側がどんな気持ちになるのか、使い方としてふさわしいのか、そうしたことを考えて、自分が使っても良いかどうかは判断できる人になってほしいです。

C　確かに、ちょっと乱暴な言葉遣いを耳にするときもあるね。

言葉を使うのは子ども自身だからこそ、こうした判断力を養っていきたいものです。

06 挨拶を習慣にさせたいとき

挨拶をすることが当たり前だと思えるような伝え方をする必要があります。挨拶を習慣にすることがなぜ大切なのかを伝えることによって、子どもたちにとって挨拶というものが大きな存在になっていくはずです。

挨拶とは信頼の証

挨拶は、コミュニケーションの始まりです。このことを伝えるのも一手ですが、ここでは、もっと深い話をして伝える方法を記したいと思います。立ち居振る舞いから見ると、挨拶は、**信頼していることの意思表示**だったということです。

伝え方

T 挨拶には色んな方法がありますよね。例えば、日本では頭を下げてお辞儀をすることが一般的です。頭を差し出すということは、過去の歴史から見ても、相当勇気のいることです。武士の時代にそんなことをしていて、相手に刀を振られたら命はありませんよね。だからこそ、信頼していなければお辞儀なんてことはできなかったわけです。そのお辞儀が受け継がれてきて、今でもそうした方法になっているのですが、時代が変わっても、相手への信頼を挨拶で示せる人になっていってほしいと思います。挨拶とはそれだけ深い意味があるのだと理解できれば、適当にすることはなくなると思います。気持ちの良い挨拶で「今日もよろしく」と伝えられるようにしていきましょう。

楽しみながら挨拶する流れ

楽しみながら挨拶をするためには、やはりゲームのような感覚を持たせることをきっかけとすると良いでしょう。

伝え方

T　挨拶に関して、皆と一つゲームをしたいと思います。

C　どんなゲームですか？

T　ルールは簡単ですよ。「先生とどっちが早く挨拶をするか」。これだけです。朝の1回勝負ですが、先生よりも早く挨拶ができれば勝ちです。

C　とても簡単ですね！　明日から絶対に勝ちたい！

ゲームを始めると、多くの子どもたちが朝から元気よく挨拶をしてくるようになります。「勝った！」「先生とほぼ同時だった！」なんて声がたくさん飛び交うようになります。ただ、これをそのままやり続けるだけでは、どこかで中弛みしてしまいます。ゲームがある程度波に乗ったところで、子どもたちに**ゲームを通してのねらい**を伝えるべきです。

伝え方

T　ゲームで勝った人はたくさんいましたね。さすが、やる気を持って挨拶をする姿は素晴らしかったです。挨拶が飛び交う雰囲気はどうでしたか？

C　とても気持ちよく朝が始まることが多かったです。

C　挨拶をする友達の姿を見ていると、調子が悪いのかなと気付くこともありました。

T　色んな気付きがあって素敵です。挨拶によっていつもとの違いに気付くこともあるんですね。ゲームが終わっても挨拶を続けられる人であってくださいね。

07 男女の壁を壊しておきたいとき

学年が上がっていくにつれて、男女の間にちょっとした隔たりができることがあります。それが強過ぎると、学級として一体感が生まれなくなることもあります。その壁を早いうちから壊しておきたいときの伝え方です。

「男子」「女子」というまとまりだけで見ない

良いクラスを作っていくためには、男女の仲が良いことは必要不可欠です。発達段階を考慮して、無理矢理一緒に関わらせようとすることは避けるべきですが、必要以上に互いが混ざり合おうとせず、男子同士や女子同士でばかり関わるのは気になります。行事などの際には、そうした関係性が足を引っ張ってしまうことだって大いに考えられます。そこで、まず伝えたいのは**「男子、早くして」や「女子、ちゃんとやって」などの声かけをしないこと**です。それぞれの名前でしっかりと呼び合えるようにして、男子や女子などの括りでまとめないようにしていくべきです。

伝え方

T　良いクラスになるために大切なことの一つに、「男女の仲が良い」ということがあります。意識し合うことはあったとしても、互いが敵同士のように避けたり、よく思わなかったりすると、一体感が生まれることは決してありません。そのために、まずは「男子」「女子」という括りで声かけをするのはやめましょう。

C　男子と女子でまとめないってどういうことですか？

T　「男子、早くして」「女子がちゃんとやってくれない」といった声かけをしないということです。仮に何か上手くいかないことがあって伝えたいことがあったのならば、ちゃんと相手の名前を挙げて伝えるようにしてほしいと思っています。

「男子」「女子」というまとめ方をすると、周りの人まで含まれることになってしまって、全体の雰囲気にも大きく影響してきます。相手に伝えたいことがあるときには、名前をはっきりとさせて伝えることから始めていきましょう。

まずは、互いの関わり合いの仕方から丁寧に伝えるようにすると良いでしょう。これにより、男子同士や女子同士で関わっていたとしても、名前を呼び合って関係性を築いていくことになるからです。それが男女の間での関わりにもつながります。また、相手への指摘だけではなく、良いことを伝えるときにもこうした影響が及びます。

関わらない人がいるのはもったいない

もう一つには、**「自ら関わらない人をつくることで、自らの世界観を広げられなくなる」**ということを伝えます。学校という安心できる場だからこそ、男女の関係に縛られずに互いに関わり合おうとする姿勢を大切にしてほしいという思いを伝えると良いと思います。

伝え方

T　男女で関わることをなくすことを考えてみてください。同じクラスの中で関わる人って、何人になりますか。
C　だいたい半分くらいです。
T　つまり、残りの半分の人のことはほとんど知らないまま1年間過ごすということです。その積み重ねで何年も過ごすとなったら、関わる人は限定されますよね。これって、すごくもったいないことだと思いませんか。相手のことを知ろうとするのには、男女関係ないと考えてほしいです。

もちろん、仲の良い友達に相談事をするなどは、それぞれが判断することですし、そこを否定してはいけません。授業や特別活動などで、皆が一緒に活動するときに、男女で隔たりが生まれない集団を作ることはとても大切なのだと伝えたいものです。

08 特定の子への不平・不満が募ってきたと感じたとき

「○○さんがちゃんとやってくれません」「○○さんがやってくれないから上手くいかない」など、特定の子への不平や不満が募ってきたと感じたときの伝え方です。こうしたときを見逃さずに、相手への見方が厳しくならないように伝えたいものです。

教師が関わる姿勢を見せる

まず、**不平や不満が募った理由**ははっきりとさせるべきです。ここで、いじめの可能性があるような話は別で、早急な対応が必要です。ここでは、特定の子がやる気を見せなかったり、集団行動がなかなかできずに周りの子が不満に思ったりしていることを想定してください。こうしたときに大切なのは、**周りの子たちのフォロー**です。そして、**「教師自身がしっかりと関わっていくよ」**というメッセージを伝えるべきです。

伝え方

T　友達と関わっていく中で、なかなか上手くいかないことってありますよね。自分はちゃんとやっているのに、他の人がなかなかやってくれないとか、他の人が間違っていたから自分も一緒に巻き込まれてしまったと感じることがあるかもしれません。そんなとき、他の人と一緒になって、相手のことを責めていませんか。「なんでやってくれないの」と感じることがあったとして、その気持ちとどんな風に向き合っていますか？　相手に伝えても上手くいかないことがあったら、そのときは先生に相談してみてください。他の人と相手のことを責め続けると、やがて悪口のような形になってしまいかねません。悩むことが悪いわけではないです。先生を頼ることも一つの手だと理解しておいてください。

不平や不満が相手を傷付ける刃になってしまわないようにしておく必要があります。いじめのような構図を防ぐためにも、こうした雰囲気を感じ取ったときにはすぐにでも全体指導をしておくと良いと思います。また、固有名詞を挙げるのではなく、あくまで一般論として話すようにします。

他人のせいにすることは簡単

特定の子への不満がある場合、その子自身の行動にアプローチすることも念頭におくべきなのは間違いありません。一方で、不満を持っている子たちへのアプローチに必要なのは、**「本当に自分たちにできることはないのか」**という視点です。先に述べたように、いざとなったら教師がフォローするという姿勢を見せることで安心感を与えることは前提ですが、その上で子どもたち自身が考えてやり方を変えたり、違う手段を取ってみたりすることも、選択肢の一つとして伝えておくと良いでしょう。

例えば、グループ活動において「じゃあこんな風にしてみようよ」と言える子が出てくれば、それは花丸です。全体指導では、そんなことを期待した種まきをしておきます。

伝え方

T　何かが上手くいかないときに、他の人のせいにすることは簡単です。もちろん、周りの子に原因があるときもあるかもしれませんし、そのときは先生を頼ってもも大丈夫です。ただ、他のやり方をしてみようという姿勢を持つことも大切です。自分以外の誰かが悪いとして、その状況をどのようにすれば良いのかを考えられる人になってほしいのです。これから、上手くいかないことなんて山ほどあるでしょう。そのときに、何かのせいにしてしまうのではなく、その状況で一度立ち止まって考えられる姿勢というのは、これからの皆の成長にもつながると思いますよ。

リスクマネジメントとして、**特定の子が傷付かないようにしつつ、周りの成長を促す**ような伝え方を心がけると、良いチャンスとして全体に伝えられると思います。

09 忘れ物が目立ってきたとき

学級全体で持ち物の準備が整わず、色んな子が忘れ物をするようになってきたタイミングで効果的な伝え方です。これにより、それぞれが自分の持ち物を見つめ直し、家庭で準備をするときの心構えに変化をもたらすことが期待できます。

準備の仕方を見つめ直させる

どんなことでも、今の自分の状況や状態を振り返ることはとても大切です。それはつまり、自分の現在地を知るということです。忘れ物をしている人が多いという現在地を子どもたちが実感しなければ、忘れ物をせずに登校できるようにするというゴールまで行く方法なんて分かるわけがありません。**ゴールだけ示しても、現在地からの行き方が分からなければ、伝え方としては良くありません。**

伝え方

T　最近、先生は忘れ物がとても多いと感じています。皆さんは、今の状況をどのように感じていますか。人間ですし、当然忘れてしまうことはあります。実際に先生自身も職員室に荷物を置いたまま教室に来ることがありますし、皆にも少し時間をもらうことになり、迷惑をかけてしまうことがありますよね。ですから、全く忘れ物をしないというのはすごいことです。ただ、今の状況がこのまま続くなら、「忘れ物をしても何の問題もない」という雰囲気になってしまいますよね。今の自分の持ち物の状態を、一度心の中で振り返ってみてください。

意味づけをする前に、一度自分で振り返らせる。これによって、後で伝える意味づけが、より大きな効果をもたらします。家庭状況によっては、自分一人で準備をすることが困難なケースもあります。そうした場合は、全体指導の後で個別に声かけをして、実際にできることをその子と一緒に考えて決定していく流れが良いでしょう。全体指導では、全体を引き上げることに徹するようにしましょう。

事前に準備する力につながる

忘れ物をしてしまっても学校で貸し出しをしないという対応はよくありません。子どもの失敗を受け入れて、それに応じて対応することは必要不可欠です。

では、忘れ物をしないようにするための意味づけはどうすれば良いのでしょうか。それは、**忘れ物をしないための準備**に焦点を当てることです。料理をするにしても、発表をするにしても、材料を揃えたり資料を用意したりすることが必要です。旅行に行くとなったら、持ち物の準備をします。こうしたことを例に挙げながら、子どもたちに準備をすることの必要性を伝えていきます。

それに加えて、準備をすることによって、自分に必要なものを考えることにもなると伝えます。何が無いのか、何を追加すれば良いのかなどを想像することにつながるのです。

伝え方

T　皆さんも、どこかへ出かけるときには持ち物の準備をしますよね。旅行に行くとなったら尚更です。服装から持ち物まで、色々と考えると思います。

C　確かに、旅行前には結構時間かかりますね。

T　そうだと思います。また、必要なものがなければ、お家の人にお願いしたり買い足したりすることもあるかもしれません。こんな風に、準備をするということは日常でも必要な力です。それに、必要なものを考え、想像をすることにもなるはずです。これって、これから皆が活躍していくために必要なことだと思っています。

C　準備をするだけで色んなことを考えるっていうのは確かにそうだと感じました。

10 学級代表や委員会などに立候補する子を募りたいとき

学級内で代表委員会などの立候補を募る場面は、特に高学年で多くなります。そんなときに立候補する人があまりいないことが予想される場合や、たくさんの立候補を求めたい場合などに、子どもたちの気持ちに火を付けることが期待できる伝え方です。

立候補することのハードルを下げる

立候補して選ばれたときのマイナス面がよぎることが、立候補へのハードルを上げているのだと考えると、そのハードルを下げることからしてあげる必要があります。教師から何も言わなくても代表という役割に立ってみようと考えている子へのメッセージというよりは、**やりたくないと思っている子や、どうしようかなと揺らいでいる子**へのメッセージ性が強い内容です。

伝え方

T　クラスの代表になるということは、責任感を感じたり、緊張感があったりすることだと思います。また、自分は人前に立つのが得意ではないと感じている人もいるのではないでしょうか。正直、今の段階で悩んでいる人はどのくらいいますか。

C　（黙って手を挙げる子たち）

T　正直に伝えてくれてありがとう。自分には向いていないと思っている人がいるなら、それはやってみないと分からないよと伝えたいです。皆がもっと大きくなったときに人前に立つのが初めてという方が緊張するだろうし、もっと大きな責任が伴うことだって考えられます。小学校の今だからこそチャレンジしてみて、それでやっぱり自分はサポートの方がいいなと感じたら、それはそれで素晴らしいことだと思います。どうしようかと迷っているならやってみてほしいなと先生は

全体
個別

感じています。ぜひ、一度考えてみてください。

この話をして、その後ですぐに立候補を募るのはあまり得策とは言えません。少し時間を与えてあげることによって、気持ちを整理することにもなります。**「やってみることが次につながるんだよ」**と伝えることによってハードルを下げることをねらいとしています。

代表の人が決定することを認めてあげる

ここからは、代表にならなかった子たちに伝える内容です。代表になる子たちが、自信を持って自分たちで堂々と活動ができるように伝えておくべきことがあると考えています。それは、**「決定する」**ということについてです。学級内で話し合いをすることが当然のことながらたくさん出てくるはずですが、全員が一致して意見が一つになることは難しいでしょう。その上で、代表の子が決めたときに、必要以上に文句や不満が出ないようにしてあげることが、代表の子がやりやすくなるポイントです。

伝え方

T　代表になった（なる）子は、一生懸命頑張ってくれると思いますし、先生も自信を持って託せると感じています。一方で、他の皆さんにお願いがあります。それは、代表の子が決めることを許すということです。

C　どういう意味ですか。

T　代表になった子たちが独断で決めるという意味ではありません。当然、何かを決めるときは皆の意見を聞きながら、皆で決めていくことはしていきます。ただ、全員の考えが同じにならないことは出てくるでしょう。そうなったときには、皆の意見をふまえて、代表の子たちが一つの結論を出すことを認めてあげてほしいのです。もちろん、それで良いかどうか、最終的に確認はしてもらいます。皆のことも大切にしながら、代表の子が堂々と活動できる方法としてどうでしょうか。

11 差別や偏見をなくしたいとき

外国の方々や障害のある方々を見たり、そのことについて聞いたりしたときに、偏った見方になっているときには確実に伝えるべき内容です。子どもたちが考える「普通」という概念を捉え直すきっかけになる伝え方です。

見た目で判断していないか

いわゆる人権に関わる内容ですから、より慎重かつ丁寧に伝えることをまず心がけるようにしなければいけません。使う言葉やニュアンスなどもしっかりと準備をすることをおすすめします。

見た目で相手に対する見方を決めてしまう子に、それが差別や偏見につながるケースを想定して伝えます。**見た目が全てではない**ということを伝える内容です。

伝え方

T （写真を見せながら）これは、バスケットボール日本代表チームの写真です。選手が何人か写っていますが、何か気付くことはありませんか。

C 見た目が違う人が混ざっています。

T 確かに見た目では肌の色などが異なっている選手がいますよね。でも、この人も日本代表の選手として試合に出場しているのです。ここでは、国籍というものが関係しているのですが、見た目で判断することが全て正しいとは限らないということです。見た目が違うからといって、冷たい対応をしたり阻害したりするのはよくないですよね。違いを受け入れながら互いに関わろうとする姿勢を持てる人になっていってほしいと願っています。

見た目が違うから自分とは違うのだということが先行し過ぎると、差別や偏見につながってしまうことを想定しながら伝えると良いです。外国の方の場合ということで、例のような伝え方を示しましたが、実際のケースに応じて異なる資料を用意するとより良いと思います。

普通とは何かを考えさせる

「自分とは違うから」「普通ではないから」などといった考えが偏見につながることはあり得ます。では、普通とは何なのでしょうか。先の例で言うと、仮に見た目が外国の方のような選手がいるのが普通でないとするならば、普通の日本代表のチームとはどのようなチームなのでしょうか。顔で判断するのか、それとも体格で判断するのか、肌の色で判断するのか。お分かりの通り、そこに明確な一つの答えは存在しないと思います。あるとすれば、それはその人の考えに過ぎません。**「普通」とはその人自身の基準**であり、相手の普通が全く同じとは限りません。差別や偏見をなくすためには、こうした考え方を子どもたちにも伝えていく必要があります。

伝え方

T （先の例の続きで）普通の日本代表のチームってどんなチームなのでしょうか。

C んー、普通って言われると、見た目で決めるのも良くないし……。

T 普通っていうのは人によって違うものですよね。例えば、朝は普通パンを食べますか。それとも普通ご飯を食べますか。これも同じことだと思います。好みや、時には気分によって変わるものもあるでしょう。だからこそ、「普通じゃないから……」といった考え方は、時に相手を差別化してしまったり、偏見を持ってしまったりすることにもなりかねません。自分の「普通」が相手にとっても「普通」なのかどうかは、よく考えて判断するようにしていきましょう。

12 運動会などの行事で気持ちを高めたいとき

学校行事や学年行事などの前には、子どもたちの気持ちが高まるような雰囲気にしていきたいものです。伝え方一つで、子どもたちが積極的に行事へと向かう姿勢につなげることができます。

何のための行事なのかを伝える

学校には数多くの行事があります。それぞれに目的やねらいなどがあり、雰囲気も全く異なるものだと思います。また、それは学年によって異なることもあるはずです。だからこそ、単にこなすだけの行事にならないためにも、**「何のために活動するのか、何に向か**

っていくのか」といったことを子どもたちが理解しておくことが大切です。今回は運動会を例にしますが、他の行事でも同様のことが言えますので、それぞれの行事を通して子どもたちが何を得ることになるのかを明確に伝えられるようにしておきたいものです。

伝え方

T　もうすぐ運動会がありますが、皆さんは何のための運動会だと考えていますか。
C　楽しむため。みんなで団結するため。家族に格好良い姿を見せるため。
T　それぞれの考えがあって素晴らしいですね。先生が皆さんに伝えたいのは、「知らなかった自分と出会うため」ということです。運動会が終わった後に「楽しめた」「団結できた」「家族に届けられた」と感じる瞬間があるとすれば、それはこれまで知らなかった自分と出会ったからだと思います。苦労することもあるでしょう。上手くいかないこともあるでしょう。でも、その先には仲間と掴む素晴らしいものに加えて、これまで気付かなかった自分の良さや素晴らしさにも出会えるはずです。それを探す旅に出かけましょう。

全体
個別

今はまだ分からない自分の素晴らしさに出会えるのだと感じさせることで、未知数だけれどもかけがえのないものを得られるのが運動会という行事だと伝える内容です。子どもの気持ちを高めるためには、冒険のようなものだと感じさせる伝え方をするのも工夫の一つです。

緊張感があるのは努力の証

行事で何かを伝えるときに大切なことの一つに「タイミング」がありますが、特に**行事の前日**に伝える内容はとても重要です。緊張や不安がだんだん強くなってきて、それが周りにも広がっていくことが考えられるからです。それが強過ぎると、変な方向に力が働くことも考えられます。落ち着かせるためにも、直前の伝え方には力を込めてみてください。自分たちがやってきたことに自信が持てるような伝え方をすることで、最後に背中を押す一言になるはずです。

伝え方

T　いよいよ今日は運動会本番ですね。緊張している表情の人がたくさん見られますね。緊張が強くなってくると、不安になってきたり自信がなくなってきたりして気持ちが不安定になりがちです。先生も緊張する方なので、その気持ちはよく分かります。ただ、そんな皆さんに一つ伝えたいことがあります。それは「緊張するのは努力してきた証拠だ」ということです。色んなことがあったからこそ、緊張しているのだと思います。そのことに自信を持ってほしいですし、皆はそういうところまで登ってきたということです。先生にとって、皆は自慢のチームです。主役は皆さんですよ。最高の舞台で、最高に輝いてきてください。

落ち着いた雰囲気の中で伝えることが大切です。時には、琴線に触れるような伝え方をすることで子どもたちの心にも響くことでしょう。

13 修学旅行など宿泊を伴う行事を迎えるとき

宿泊を伴う行事は、子どもたちにとってより特別感のある行事です。だからこそ、事前に伝える内容は大きな意味を持ちます。また、伝えたことが、宿泊中に話すことにも活かされるようにすることがねらいです。

キーワードを決める

宿泊体験学習には様々な取り組みがあり、そのどれもが学びにつながることだと思います。そのため、「色んなことを学んだ」となりがちです。だからこそ、宿泊中に**全体の活動に通ずるようなキーワード**を子どもたちに伝えておくと良いと考えています。キーワードとなる言葉は、じっくりと考えて準備をしましょう。その言葉が、宿泊を通してとても重要な役割を果たしてくれるはずです。1日目が終わった後の振り返りや、翌日の朝の時間などに、宿泊での様子と絡めながら伝えることで、さらに言葉の意味を深く感じることにつながります。

伝え方

T　宿泊体験学習はとても楽しみですよね。皆さんにとって大きな財産になってくれることを願っています。それに向けて、宿泊中に大切にしてほしいキーワードを伝えます。それは「つながり」です。宿泊体験学習では、多くの人とのつながりを感じられるときがあるはずです。友達、宿泊先の方々、見学施設の方々、それから宿泊中に離れる家族、色んなつながりがあるはずです。それら一つ一つの大切さを感じられる宿泊にしてほしいと思っています。きっと、そのつながりによって皆さんの心の中から出てくる感情は、とても温かいものになるでしょう。それが素敵な思い出となって、皆さんの財産にもなっていくのだと思っています。

宿泊中にも「つながり」を感じられているかどうか、振り返る時間を持ちたいと思いますので、覚えておいてくださいね。

キーワードは、教師の願いや思いがこめられているものでも良いと思いますが、**子どもたちの活動内容や学年・学級の実態に合わせる**ことが必要です。可能ならば一つのキーワードにして、子どもたちがシンプルで覚えやすいものがベストです。

不安を取り除くフォローも忘れない

宿泊体験学習となると、楽しみな様子を見せる子どもたちが多い一方で、中には行くことに不安を抱えている子もいます。それは、表立って見えないケースも多々あることでしょう。ですから、楽しみなことばかりを伝えるのではなく、そうした子どもたちが安心できるような伝え方も必要です。**全員が安心して楽しめるような雰囲気**を学校からつくっておくことが、スムーズに活動をすることにもつながるはずです。

伝え方

T 宿泊に行くことを楽しみにしている子が多く見られますが、中には心配なことがある子もいるかと思います。親元を離れていつもと違う場所で過ごすって、とても勇気のいることですよね。だからこそ、そうした不安が出てくるのは全くおかしなことではないと思っています。もし不安なことがあれば、ぜひ事前に先生に相談してください。他の人には聞かれたくないこともあるかもしれませんし、こそっと来てくれれば大丈夫です。その不安が少しでも解消されるように、先生も一緒に話せればと思いますし、何より皆さんが不安を感じることなく、行こうと思えるようにしたいと思っています。

いたって普通に見える伝え方かもしれませんが、これを伝えることによって個別にフォローできることにつながるため、欠かせない内容だと考えています。

14 特定の子ばかりが頑張っているとき

集団の中には自ら積極的に動こうとする子もいれば、そうでない子もいます。そうした状況を打破したいときに使える伝え方です。それぞれが連動しながら活動できるようにすることをねらいとしています。

自分事として見られるように促す

集団の中で特定の子が頑張っているという状況は、子どもたちが**周りで起こっていることを自分事として捉えているか、そうでないかの違い**が関係しています。学校で皆が一緒に活動しているということは、自分にも関係していることなのだと感じてもらえるような伝え方が必要です。「自分には関係ないから」という気持ちや、「誰かがやってくれるだろう」という考えが少しでも無くなっていくことを目指して伝えたいものです。

伝え方

T 先ほど、算数のプリントが返却されたかと思いますが、誰が配ってくれたか知っていますか。
C ○○さんと△△さん。
T そうですよね。よく見ていたなと思います。では、周りの皆さんはそのとき、どんなことをしていましたか。当然、それぞれが準備をしたりお手洗いを済ませたりしていることもあるでしょう。それはもちろん大事なことです。ただ、二人がいつも率先してクラスのために動いていることは、皆さんよく分かっていると思います。そんな二人に全てを任せたままにしておくのが良いでしょうか。お手伝いというのは、強制的にさせられるべきことではないと思っていますので、無理強いはしません。でも、少しでも協力しようかなという人が増えるだけで、きっと二人はとても救われると思いますよ。それに、それが自分事として周りのことを見ることができているということにもつながるのです。

ここで注意するべきなのは、**手伝わせることを強制しない**ことです。それは単にやらされていることと同じになるので、伝え方には注意が必要です。そうしたフォローを入れながらも、周りのことを自分事として考えられるように促していきます。

ごみ拾いを例にして伝える

特定の子が頑張るだけではないようにするためには「気付く力」を養うことが必要です。ちょっとしたことにでも気付けるように、アンテナを高く張るようにしていきたいものです。そのためには、**ごみ拾い**を例にして話すと、とても分かりやすく伝えることができます。

伝え方

T 今、教室のここにごみが落ちていました。これって誰が拾うのでしょうか。
C 誰でも良い。気付いた人が拾う。
T そうですよね。このごみを拾う係なんてことは決めていないですし、この場所のごみは必ず決まった人が拾うなんてこともないですよね。つまり、気付くことってとても大切なことです。教室での目立つごみに気付けないのに、目には見えない人の心の変化に気付くことって難しいのではないかなと先生は思っています。相手のことを大切にするということは、それも「気付く力」なのです。

自ら率先して動こうとしない子を叱るのではなく、教師も一緒に取り組みながら周りの子たちを巻き込んでいくスタンスは崩すべきではありません。そして、子どもたちの「気付き力」が高まってきたときには、思いっきり称賛することで自信へとつながります。

15 他の先生と上手くいっていない様子が見えたとき

専科制を取り入れていると、自分以外の教員と関わることも増えてきます。そんなときに、子どもたちが上手く関係を築けていないと感じることがあるかもしれません。そうした状況が悪い方向へ行かないようにする伝え方です。

授業は絶対に崩れないようにする

子どもたちと他の教員との関係が上手くいっていないと感じたときには、とても神経を使うと思います。ただ、ここで必ず維持しておかなければいけないスタンスは、**子どもの肩を持つあまり、教員批判になってしまうことのないようにする**ということです。ここで教員の批判をしているのだと子どもたちが感じてしまうと、子どもたち自身も同じようなスタンスになってしまい、学校にとっても大きなマイナスとなります。ただ、そのまま放置していても良いわけがないので、理由を探るとともに、今の状況を受け入れながら伝える姿勢でいると良いでしょう。

伝え方

T　○○の授業の様子が少し気になるのですが、皆さんはどう感じていますか。
C　だって、先生が全然言うこと聞いてくれなくて……。
T　なるほど。先生とのことで思うことがあるのですね。それは今理解しました。ただ、先生から伝えたいのは、授業が崩れることがないようには気をつけてほしいということです。今、声には出していないけれども、授業を受けたいと感じている人も少なからずいるはずです。そうした人の時間が削られることはないようにしてほしいのです。
先生に対して思うことがあるというのは理解しました。今、全体では具体的なことは聞きませんが、それについては後で先生のところで個別に教えてほしいです。皆がどういうことで悩んでいるのかを先生は知りたいですし、関係が上手くいくように協力しようと思いますので、そこは遠慮せず先生のところに来てください。

C　あとで先生のところで話すようにします。

全体の場で教員への不平や不満が広がることがないようにも気をつけるべきです。不満は特になく、「授業を受けたいのに……」と感じている子がいるかもしれないと考慮するべきだからです。ここでは、あくまで授業は授業としてしっかり受けるように伝えて、その後の個別対応でそれぞれと対話をする方向へと持っていくことが望ましいです。

いつも自分と合うとは限らない

子どもたちの個別の対話を受け入れることは前提とした上で、全体に話す際には「常に自分と馬が合う人ばかりと関われるわけではない」ということも伝えておくと良いでしょう。我慢をさせる必要はありませんが、これから色んな人との付き合いが待っている子どもたちの、世界観を広げてあげるタイミングだと認識しておきましょう。

伝え方

T 自分と好みや感覚が合わない人と出会ったり過ごしたりすることもありますよね。人間ですから、ちょっと合わないなと感じることもあるでしょう。それは仕方ないことだと思っています。でも、そうした人とどんな風に一緒に過ごすと良いのかは考えなければいけないですし、相手を傷付けるようなことや周りに迷惑がかかるようなことにならないようにはしましょう。不満ばかりでなく、面白がれる力ってとても大きな武器になると思いますよ。

何かを面白がろうとする力は、子どもたちにとっての世界を広げてくれるはずです。

16 物損があり、誰がやったか分からないとき

わざとではないにしても物損があり、それがそのまま放置されているとき、有効な伝え方です。犯人を探すことを目指すのではなく、今後同じようなことが起こらないことをねらいとした伝え方です。

素直に話すことを促す

物損にも色々なケースがあり、物によっては学校全体に関わることもあり得ますが、今回はクラス内で共同で使用するものが壊れていたケースを想定します。誰かが名乗り出なければ、詳細は分からないままになってしまいます。ですから、まずは**情報を集めたいと**

いうことを伝えるべきです。これを抜きにして、「次から気をつけよう」といった内容だけを伝えると、子どもたちの素直さを育むことを蔑ろにしてしまいかねません。

伝え方

T 教室の鉛筆削りの回すところが壊れているのですが、これに気付いた人はいますか。

C (何人かが手を挙げる)

T よく正直に手を挙げましたね。知らないふりもできるところを、気付いていたと言えるのは、素直な証拠です。一方で、気付いた後、どうすれば良かったでしょうか。

C 先生に伝える方が良かったです。

T そうですね。そこから先生に伝えることができていれば、さらに良かったかもしれないですね。見て見ぬふりをする人にはなってほしくないですし、自分が関係あるかないかは別にしても、見たことを受けて行動できる人であってほしいです。

また、このことについて知っている人がいれば、全体ではなくていいので、後で先生に個別に教えてほしいです。素直な姿に期待しています。

伝える中で、まずは素直でいることを認めることから始めます。その上で、知っていることがあれば素直に伝えてほしいというこちらからのお願いを伝えるというわけです。それによって、知っている子からすると先生へ伝えることのハードルが下がり、言いやすい環境を作ることになるからです。

放置することによるデメリット

物損に関係していた子がいたとして、その子が素直に話に来た場合は、個別対応で済むことになります。ただ、そんなに上手くいかないことも多々あります。そんなときは今後同じことが起こらないようにすることを目指した伝え方をするべきです。

伝え方

T 壊れたものが教室でそのままになっていたら、どう思いますか。

C 気分が悪いし、誰が壊したのだろうって感じてしまいます。

T そうですよね。まずは物を大切にしてほしいと思います。壊れてしまっても、それを大切にする気持ちは持っていてほしいです。また、この場では犯人探しをするつもりはありませんが、誰がやったのだろうと周りを疑うような気持ちになってしまいますよね。わざとやったわけではないかもしれないので、互いに疑いの目で見ると、雰囲気が悪くなっていきます。そうしたことにならないためにも、もし何か壊れてしまった場合には、素直に伝えてほしいなと思います。

教室内で互いの関係性を崩さないようにするためにも、こうした伝え方をすることが必要です。事後指導の中には、次につながる伝え方を必ず入れるようにしましょう。

17 誰かのものが見当たらなくなったとき

教室内で誰かのものが見当たらなくなったときの伝え方です。ものがなくなると、「誰かが取った」という認識をしがちですが、それもふまえつつ、それぞれの持ち物管理についても促すことをねらいとした伝え方です。

ものがなくなったときの不安感

物損があったときの伝え方でも述べましたが、誰かのものが見当たらなくなったときにも、やはり不安感が募る状況になってしまいます。ものがなくなった本人はもちろんですが、周りの子たちにも同じことが言えます。ですから、**ものがなくなるということによる**

影響の大きさについては、はっきりと伝えておくべきです。

伝え方

T 今、○○さんの体操服が見当たらないそうです。今から一度、自分の持ち物をそれぞれ見て、間違いがないか確認してください。

C （持ち物を見て、間違いがないか確認する）

T 今の時点では見つかっていないということですが、ものが見当たらなくなるって嫌な感じがしますよね。当然○○さんは不安になるでしょうし、皆さんも探して見つからないとなると、「どこにあるんだろう」「誰か取ったのかな」などという気持ちが出てくることにもなりかねません。だからこそ、冗談や遊び半分で人のものを隠したり取ったりするということは、絶対にしないようにしましょう。先ほど皆さんには持ち物を見てもらいましたが、改めて家でも確認してきてください。

どのような形で見当たらなくなったのか分からないため、色んな想定をしながら伝えることになります。ものがなくなることによる不安感を取り上げて、物隠しや、いたずらは許されないことだということは伝えておくことが望ましいです。

自分のものの管理を徹底させる

ものがなくなったときに、誰かが取ったと最初から決めつけるのではなく、先の例にもあるように、まずは身の回りを全員で探すことから始めると良いでしょう。どこかのすき間に入っていたり、他の誰かが間違えていたりすることだってよくあります。間違えようのないものを他の人が持っていた場合は、重大案件として管理職とも相談しながら慎重に進めるべきですが、ここではそれには当たらないこととしてお伝えします。

他の誰かのところに紛れることがないようにするためにも、それぞれが持ち物の管理をするよう改めて徹底する機会にします。自分の持ち物の整理整頓や管理を促すと良いでしょう。

伝え方

T　誰かのところに自分の持ち物が混ざることがないように、改めてそれぞれが自分の持ち物の管理を徹底できるようにしましょう。また、持ち物には必ず記名をすることです。そして、片付けもその都度丁寧にしていってほしいと思います。自分のものを大切にするためにも、改めてこれらを確認していきましょう。自分のものを大切にすることで、ものがなくなることを防ぐことにつながります。

当たり前のようなことを伝えるのは、こういう状況においてとても大切なことです。同じことを繰り返し伝えることも必要ですが、**ここぞのタイミングで基本に立ち返った話をする**ことで、より子どもたちに伝わることになります。

18 こそこそ話が見られるとき

友達同士でこそこそ話をする姿が見られるとき、全体でどのような話をすれば良いのでしょうか。伝え方によって、皆がいる前でこそこそ話をする姿が減っていくことを目指しましょう。

内容が分からないからこそやめるべき

こそこそ話をやめるべき理由は、**周りの人から見て何を話しているか分からないこと**にあります。周りに聞かれたくない内容や、聞こえるように言うべきではない内容であることは間違いありません。ただ、それを周りの人が見たときに、何を話しているか分からないからこそ、違和感を持つ子が出てくる可能性があります。例えば、こそこそ話をしている子たちは特に意識していないのに、周りにいた子からすると「こちらを見ながら話していたから悪口を言われていると感じた」などといったケースです。

こそこそ話をする姿が見られた時点で、全体の前で、しっかりと伝えておくことが必要です。

伝え方

T　聞かれたくないことがあるときに、こそこそ話をすることがあるかもしれません。ただ、その姿を皆さんが見たときに、何の話をしているか分かりますか。

C　分からないです。悪いことだと思います。

T　実際に何を話しているのかは分からないですよね。ただ、悪口を言われているのではないかと感じさせているのも事実です。だからこそ、こそこそ話を他の人がいるような場でするべきではないのです。他の人には全く関係のない話であったとしても、こそこそしていることによって、完全に分からなくなってしまい、勘違いを生むことだってあるのだと理解しておきましょう。

この話をすることで、公共の場での立ち居振る舞いにもつなげながら伝えることができます。たくさんの人がいる場でどのように過ごすのかということを考えるきっかけにもなり、隠れて何かをする雰囲気にもならない伝え方です。

聞かれたくないことは違う場所で

一方で、聞かれたくないことを話したいときはどうすれば良いのかについても、簡単に伝えておくと良いでしょう。人の悪口を陰で言うことを肯定してはいけませんが、時には、悩み事だったり、サプライズにしたいことだったりもあると思います。

深く踏み込んで話をするまではないにせよ、少しはフォローしておくと、単に「こそこそ話はダメです」という内容だけが伝わることにはなりません。

伝え方

T　ここそ話をすることが良くないことは伝えましたが、他の人には聞かれたくないような悩み事を話したいときだってあると思います。そんなときは、話す場所やタイミングを考えると良いと思います。やはり、周りの人がいる前でこそこそ話をするのではなく、友達同士で帰っているときに話したり、他の人がいなくなったタイミングがあればそのときに話したりするだけでも、こそこそしている姿にはならないですよね。

悩み事などを周りに相談できなくなるような伝え方をしないようには気をつけましょう。こそこそする必要がない状況になるよう、自分たちで考えて動けるように伝えたいものです。

19 片付けができていないとき

年度初めに整理整頓の大切さを伝えていても、なかなか片付けができていないときに有効な伝え方です。片付けの意味を理解するとともに、実際に行動に移せるようにすることをねらいとします。

心を整えるため

片付けをするときは、作業的に進めるのではなく、**自分の心の状態と照らし合わせる機会にする**と良いと考えています。作業的に片付けをして、「すっきりするよね」という感覚を持たせることも一つの方法ですが、片付いていない状況を心の乱れとしても捉えられる伝え方を私はよくしています。常にそれが当てはまるわけではないのですが、自分の心の状態を振り返るきっかけになり、おすすめです。

伝え方

T 色々なものが散らばっていて片付いていない状態ですが、皆さんはこの状態を見て、心は落ち着きますか。きっと、心がざわざわする人が多いのではないでしょうか。落ち着いた空間では、物が整頓されていて静かな状況です。片付いていないということは、それだけ心が乱れているのではないかと心配です。毎日を過ごす中で、気持ちを落ち着かせて整えるためにも、片付けを丁寧にする習慣をつけてほしいと思います。今から少し時間を取りますので、落ち着いて片付けをしていきましょう。

目で見えるものを整えることによって、目では見えない心を整えることにつなげることがねらいです。自分の心を整えるために片付けをするのだと子どもたちが感じ取れれば、片付けが習慣となる第一歩です。これも意味づけの一つですので、丁寧に時間をかけて伝えると良いと思います。

片付けやすい環境を作ろう

ここからは、実際に片付けがやりやすくなる方法を伝える内容です。

片付けやすさは子どもによっても違いがあり、何をどこに置くのかは教室環境や教員の考え次第のところもありますが、子どもたちが片付けやすくなるために必要なのは、**「場所が決まっている」**ということです。「どこかに入れておきましょう」というやり方で、整った状態を維持できる子は少数です。低学年になればなるほど、場所を提示した上で片付けを促す方が、指導も一貫してやりやすいはずです。

伝え方

T　今から片付けをしますが、自分で自分のものの置き場所は決まっていますか。

C　決まっているものとそうでないものがあります。

T　学年の最初に先生から伝えたものについては、改めて決められた場所に片付けるようにしましょうね。ただ、それ以外のものについては自分で決めておくと良いと思います。例えば、はさみはよく使うからお道具箱の前の方にしておいて、テープはあまり使わないから奥の方にしておこうという感じです。それを決めておくだけで片付けの場所がはっきりとして、自分でもやりやすくなるはずです。その結果、ものを整えておくことができるようにもなっていきます。

小学校低学年では、こうした伝え方をすることが多いと思いますが、他学年であってもものを置く場所を決めることのメリットを伝えると良いでしょう。

20 孤立する子が出てきたとき

集団の中で孤立しているように見える子が出てきたときに、個人名を出さずに全体にどのように伝えるのかはとても大切です。全体に伝えることによって、集団の中での個々のつながりを強くしていくことがねらいです。

いつでも受け入れられる雰囲気を

孤立とは言っても、仲間外れにされているわけではなく、単に休み時間の過ごし方の違いや、気の合う友達の有無など、様々な理由があると思います。ですから、強制的にどこかのグループに入れることを促したり、個人名を挙げて「仲間に入れてあげてね」と全体の場で話したりするのは得策とは言えません。ただ、周りの子たちに向けて、**いつでも受け入れられるような雰囲気でいてほしい**という思いは伝えるべきです。

伝え方

T　皆さんの様子を見ていると、友達とのつながりが増えてきて、仲良くなってきているなと感じます。とても素敵なことですよね。一方で、周りを見渡したときには、まだあまり話していなかったり関わっていなかったりする子はいませんか。

C　何人かはいます。

T　これからまだまだ一緒に過ごす日々は続いていくわけですので、その人たちとも関われるようなつながりを持てるといいですね。無理に一緒に遊びましょうというわけではないですが、そういう機会が来たときには温かく迎え入れられるようにしてほしいと思っています。

こうしたことを伝えた上で、こちら側が意図的に活動を組み込むことが大切です。孤立する子が出てきたときには、孤立する子を集団の中に巻き込んでいくような働きかけをしていかなければ、状況を打破することは難しいです。例えば、教室でトランプをするとなったら、一部の子に加えて孤立する子にも声かけをするなど、教師がその子と関わる姿勢を見せるのです。そうすることによって、教師の周りに集まってくる子と一緒に、その子を迎え入れることにつながるというわけです。教師が子どもたちと一緒に遊ぶということは、関係構築の中でたくさん行われていることだと思いますが、集まってくる子以外にも目を向けるようにすることで、その効果はより発揮されます。

いきなり活動をするというよりも、**活動がより良い効果をもたらすための伝え方**もあるのだと認識しておいてほしいです。

仲間としてできること

「皆で仲良くしましょう」という言葉は、すごく重いものです。全員が誰とでも気が合うわけではないでしょうし、相性だってあるはずだからです。低学年の頃は、皆で仲良くしようねという言葉は受け入れやすいかもしれませんが、学年が上がるにつれてそういうわけにもいかなくなるでしょう。ただ、同じ集団にいる仲間として、誰とでも関われるような気持ちは育んでいきたいものです。

伝え方

T　仲の良い友達との関わりはとてもスムーズにいくことと思います。でも、そこまでではない人との関わりにおいても、同じクラスの仲間としてできることをやっていってほしいと思います。仲間として誰かを孤立させたり、受け入れなかったりということは良くないですね。ですから、授業で活動するとき、集団でグループを作るときなどには、周りをよく見てみてください。

休み時間はあえて一人で過ごしたい子もいるかもしれませんので、授業や活動のときに孤立する子をつくらないような伝え方をすると良いと思います。

21 「いじめはダメ」と伝えたいとき

「いじめは許されないことである」と子どもたちに伝える機会は、教師ならば必ずあります。いじめが起こらないようにするための事前指導として、どのように伝えると良いのでしょうか。意味づけも含めての伝え方です。

「ごめんなさい」で解決しないこともある

いじめは、実社会であっても社会問題となるような重大なことです。そのため、絶対に許されるものではないということを子どもたちにも認識させておく必要があります。

人を傷付けてしまったときに「謝る」という行為は、子どもたちにとって馴染みのあることです。「ごめんなさい」と伝えて、相手から許してもらって、解決につながるというものです。ただ、**いじめは「ごめんなさい」では解決しないことの一つ**だと考えます。そのことを、白紙を使いながら実感を伴う形で伝えます。

伝え方

T　今から皆さんに見せたいものがあります（紙をくしゃくしゃに丸める）。この紙を元に戻してください。

C　（代表の子が、紙を広げる）

T　この紙は、元に戻ったのでしょうか。最初のときは、こんな風にシワはなかったですよね。つまり、完全に元には戻らないのです。これがまさにいじめです。喧嘩とは全く異なるものです。相手を傷付けるものだから許されないというのはもちろんそうですが、喧嘩のときは「ごめんなさい」を伝えて解決することがあります。でも、いじめは「ごめんなさい」では相手の心を元に戻せないくらい深く傷付けるものなのです。だからこそ、いじめは絶対に許されないのです。それくらい重いものであることを改めて皆さんには理解しておいてほしいです。

白紙が元に戻らないのを見ることによって、子どもたちには印象深く残るはずです。「いじめが許されないことである」という内容と関連付けて、覚えられるようにすることが、伝え方における工夫の一つです。

人の生きる力を奪うもの

いじめは相手の心を傷付けるものであることは先に伝えましたが、それに加えて、**いじめは人の生きる力を奪うものである**と伝えることも必要です。いじめを受けた子が、学校に行きたくなくなってしまうこともあります。しかし、学校に行くということは、その子が生きる上で、とても大きな力になっているはずです。だからこそ、「学校に行く」ということを子どもから奪ってしまうのがいじめなのだということも、同時に伝えておきたいものです。

伝え方

T いじめが相手の心を傷付けることになるのは、皆さんに伝えました。さらに、いじめは相手の生きる力を奪うことになると知っておいてほしいです。いじめを受けた子が学校に行きたくないと感じて、行けなくなったとしましょう。その子にとって、学校に行くことは生きる中でとても大きな力になるはずです。それを奪ってしまうということは、生きる力を奪っているのと同じ行為になりかねないのです。少しくらい大丈夫だろうという考えさえも許されないことだと理解しておきましょう。

絶対に許されないことだからこそ、少し重たい伝え方にはなりますが、とても重要なことであると子どもたちに伝えておくべきです。

22 クラス全体をグッとまとめたいとき

クラス内がまとまらず、皆が同じ方向を向いているように感じられないときに有効な伝え方です。アクティビティも取り入れながら、クラスの皆が一体感を感じられるようになることを目指すものです。

同じ時間を共有する素晴らしさ

一つにまとまって良い雰囲気になる集団やチームは、その背景の一つとして、**共に過ごした時間を共有できている**ということが考えられます。スポーツにおいて、「最高のチームでした」とキャプテンがインタビューで答えるシーンはよく目にしますが、これは苦楽を経験する時間があったからこそ出てくる言葉だと思います。それぞれ違った個性を持つ人が集まった集団なのですから、やはりそうした時間は必要です。そのための機会を作り出すのが、アクティビティです。色んなアクティビティがありますが、ここでは、私が取り組んだ実践を例に紹介します。

伝え方

T　クラスがこれからまとまっていくために必要なことの一つには、「時間」が挙げられます。良いときも悪いときも共に過ごす時間があるから、集団やチームというのはまとまっていくのです。そこで、今日から皆さんにチャレンジしてほしいことがあります。それは卓球リレーです。紙皿を1枚ずつ持ち、ピンポン玉を皿から皿へと移していき、タイムを計測していきます。1分切りを目標にしていきましょう。

ピンポン玉を全員でリレーしながらつないで、最初から最後までのタイムを計測するというシンプルなものです。そして、この取り組みをしばらく続けた後に必ず伝えることがあります。これを抜きにしては、伝え方としては効果半減になってしまいます。

伝え方

T　実際にここまでやってみてどうでしたか。

C　ベストタイムがなかなか更新できなくて苦労したけれど、互いにつないで達成することができて、とても気持ち良かったです。

T　最初に伝えた通り、やはり時間はかかるものですよね。でも、タイムが更新できなくてもそれを互いに乗り越えようとしてきました。これが時間を共有してきたということです。この取り組みを通して、本当に一つにまとまった素晴らしいチームになったと思いますよ。自信を持ってくださいね。

互いの目標を共有しよう

「目標を共有する」ことも、まとまるためにはとても大切なことです。先の取り組みを例にして伝える内容を紹介します。

伝え方

T　皆さんは「1分を切る」という目標が全員一致していましたよね。これは全員が同じ方向を向いていたということなのですよ。だからこそ、それに向かって苦楽を共にすることができたのです。全員で何を目指すのかを共有することの大切さも感じ取れたのではないでしょうか。

アクティビティ中の様子をふまえて伝えることで、その効果は倍増してくるはずです。

23 クラスメイト同士での注意が激しくなってきたとき

クラス内で子どもたち同士での声かけにおける言葉かけが激しくなったり、必要以上に注意し合ったりすることが出てきたときに使える伝え方です。せっかくの声かけが悪い方向にいかないように、軌道修正することをねらいとしています。

悪いところ探しをしない

子どもたち同士が必要以上に注意をし合うようになっているときは、**互いに悪いところばかりに目が行きがちな状態**だと捉えるべきです。本当にそこまで注意をすることが必要なのかどうか、改めて子どもたちには考えるきっかけを作りましょう。子どもたちに任せるというのは、よくある学級づくりの方針の一つかもしれませんが、必要だと判断して教師が軌道修正することも時には重要です。

伝え方

T　自分たちで考えて行動できるような姿が増えてきて、互いの声かけによって動けるようになってきているのは素晴らしいことです。一方で最近、互いに注意をし合う声かけが激しくなっているような気がしています。今、皆さんは相手の悪いところに目が行きがちではないですか。もちろん、本当に必要な注意というものもあるかもしれませんが、そこまで激しく言わなければいけないことなのかは改めて考えてみてください。言い方や内容など、それによって相手が受け取る印象も大きく変わります。声かけというのは本来良いことのはずなのに、それがクラスの雰囲気を悪くすることにはならないように気をつけていきましょう。

同じメッセージだとしても、言い方一つで大きく変わるのだということも併せて伝えても良いと思います。この場合は、具体例をあげると、より分かりやすいでしょう。私は、「『ありがとう』も怒っているように言うと、印象が変わる」という例でよく伝えます。

見えるところだけで判断しない

友達同士で注意をし合う状態のとき、子どもたちは**相手の見えるところだけを見て判断**しています。相手の思いや事情を考えるほどの余裕は持てていないことが多いと思います。だからこそ、見えないところを知ろうとすることの大切さを伝えるようにしていきたいものです。

伝え方

T　この写真を見て、見えるものって何ですか。

C　大きな木が見えます。

T　木が見えますよね。木が育つのは目には見えない根っこの部分があるからです。根っこが水分や栄養を吸収していくから木は大きくなっていくのです。目で見えるところだけではなく、実は見えていないところでもたくさんのことが起こっているということです。これは人との関わりでも同じですよね。相手の一面だけを見て判断するのではなく、相手の考えや本音を聞こうとする姿勢も時には必要だと理解しておいてほしいと思います。

今回は、木をたとえにした伝え方ですが、他のものをたとえにして伝えることもできると思います。**目で見えないところでの働きが、目で見えるところに影響を与えていること**を伝えることに意味があります。いずれにせよ、子どもたちが少しずつ日で見えない部分に意識が向けられるように伝えていくことを心がけるようにします。

24 自信がない子たちに一歩を踏み出させたいとき

「自分には向いていないから」「自分よりも他の人たちの方がすごいから」などの理由で、なかなか自分に自信を持てない子がいるときに伝えたい内容です。子どもたちを「やってみようかな」という気持ちにさせます。

自分で決めつけるには早過ぎる

自信がなくて、やってみようという気になかなかなれない理由には、「自分には向いていないから」「自分はこういうタイプだから」という決めつけが関係していることが多々あります。ですから、子どもたちのそうした思い込みを取り除いてあげることが必要になります。自分はこういう人なのだと決めつけることによって、自らの可能性を狭めていることに気付かせてあげるのです。**子どものうちだからこそ、色んな自分と出会えるチャンスなのだ**と伝えることが大切です。

伝え方

T いつも自信満々で取り組めることばかりではないですよね。例えば、みんなが、人前に立つことに自信があるとは言えないと思います。でも、もしその理由が「人前に立つことが自分には向いていないから」という理由なのであれば、その考えはぜひ、なくしてほしいと思っています。理由は明確で、「今のあなたたちに向いていないことなんてないから」です。まだ十数年しか経験していないあなたたちが、自分はこういう人間なのだと決めつけるのはもったいないです。まだまだ変わりようがありますし、可能性は無限大です。だからこそ、そんな時期から自分の可能性を狭めるような考えは持たないでほしいと思っています。色んな自分と出会っていくことを続けられるのは、子どもである今だからこそできることです。

自信がない子たちに向けて、「あなたがまだ出会っていない自分に出会えるチャンスをつぶさないでほしい」という気持ちを持って伝えると良いでしょう。自分で自分に自信が持てるようになるのは、とても難しいことです。だからこそ、教師が丁寧にメッセージを伝えることによって、自信のなさが和らぐようにしてあげたいものです。

やらなければ分からない世界がある

また、**やってみて分かる世界がある**ということも同時に伝えたいものです。やったからこそ「難しいな」と感じたり、「面白い」と思えたりすることだってたくさんあります。経験したことのない世界に飛び込むのは、それなりに勇気のいることです。暗闇に入り込んでいくような感覚を覚えることだってあるはずです。ただ、やってみて得られた感情は、今後に必ず活きてくるものだと伝えることで、自信が持てないから何もやらないという子にメッセージが届きます。

伝え方

T 自分のことを知るためにやれることって何だと思いますか。

C 長所や短所を考えることだと思います。

T 考えることも一つかもしれませんね。最も効果的なことは「やってみる」ということです。やってみて感じたことや見えたことが、そのまま自分を表すことにもつながるからです。やっていないのに自分の中で決めつけていることは、単なる思い込みに過ぎません。自信がないことについて、まだやったことがないのであれば、まずはやってみてください。それで本当に自分に向いていないかどうかを決めれば良いのです。

何でもやってみようとする子は、それが自信につながるようになっていくはずです。

25 長期休み明けに学校生活をリスタートするとき

夏休みや冬休みなどの長期休み明けは、新学期に向けて子どもたちに伝えたいことがあるはずです。そんなときには、どのようなことを伝えるとスムーズに学校生活をリスタートすることができるのでしょうか。

非日常から日常へと移る時期

夏休みのような長期休みが明けたときには、緩やかに学校生活を始めることが多いでしょう。ただ、夏休みの気分のまま学校生活を送り続けることを認めるわけにもいきませんよね。どこかでスイッチを入れ直す必要があります。夏休みに戻りたいという気持ちは認めながらも、**夏休みに過ごしたことを学校生活に活かす**という考え方を伝えると良いでしょう。

伝え方

T　夏休みは楽しく過ごせましたか。
C　とても楽しかったです。色んな体験ができて充実していました。
T　それは良かったです。でも、また学校が再開するとなったときに、「体が重たいな」「学校に行くの、疲れるな」と感じた人もいるのではないでしょうか。それは仕方がないことだと思います。徐々に学校生活に慣れるようにしていきましょうね。ただ、夏休みと普段の学校生活を別物とは思わないでください。夏休みは非日常、学校生活は日常と考えてみましょう。夏休みって特別感がありますよね。でも、そこで経験したり学んだりしたことを日常の生活に活かすことはできるはずです。夏休みを特別なものとして孤立させて考えるのではなく、これから再開する学校生活とつなげて考えてみてほしいです。そうすることで、夏休みに得たものが大きな財産として今後にも活かされていくでしょう。

「夏休みに戻りたいな」といった感情を否定するものではありません。しかしながら、夏休みは特別なものなのだと伝えるのではなく、非日常と日常はつながっているのだと伝えます。それによって、非日常で経験したことが日常の中で活かされる場面はないか、考えるようになっていくでしょう。こうした話は宿泊体験学習などの行事の後に話すことも効果的であると言えます。

旅行に行ったかどうかは関係ない

様々な家庭事情により、夏休みや冬休みに旅行に行く家庭ばかりではありません。そのことをふまえて、**旅行に行ったり遠出したりしている子とばかり話すことは避けるべき**です。旅行以外にも素晴らしい体験や経験は積めるのだと子どもたちに伝えてほしいですし、旅行に行っていない子たちに、「自分の夏休みは大したことないのだ」と感じさせないような伝え方を心がけたいものです。

伝え方

T　夏休みに旅行に行った人もいるでしょうが、そうでない人もいると思います。多くの時間を家で過ごした人もいるかもしれません。旅行に行っていないからといって、夏休みが充実していないとは考えないでほしいです。家で兄弟の面倒を見たり料理をしたりしているのであれば、それも立派な経験の一つです。自信を持って充実した夏休みだったと言ってほしいです。それらから得られるものは、必ずあったはずです。プラスの感情もマイナスの感情も夏休みに経験したこととして今後に活かしてほしいです。

こうした話をするだけでも、周りと比べずに救われる子もいると考えています。

Chapter 3

こんな子に、どう伝える？

子ども個別への「伝え方」

01 みんなの前で発表したいけれどなかなかできない子

クラスの中では、徐々に「たくさん発表する子」と「そうでない子」が生まれてきます。その中には、「発表したい気持ちはあるけれど、なかなか実際にできない子」もいます。そうした子が挑戦しようと思えることをねらいとした伝え方です。

発表したいという気持ちを認めてあげる

みんなの前で発表することが得意な子もいれば、そうでない子もいるということを、前提として理解しておかなくてはなりません。**発表しようとしている姿勢を認め、そのサポートをする伝え方**をしてあげることが、子どもにとって第一歩を踏み出すきっかけになります。決して、できていないことに引け目を感じてしまうような伝え方にならないようにしましょう。

伝え方

T みんなの前で発表しようという気持ちがあるのは、とても素敵なことだよ。その気持ちが芽生えているのは、自分が挑戦しようとしている証拠です。今、必要なのは一歩を踏み出す勇気だよね。勇気を出して一歩を踏み出すには、すごくエネルギーがいるから、焦る必要はないと思うし、じっくりとやっていこうね。自分の中で、発表ができそうなタイミングが必ず来るし、そのタイミングになったら先生が一緒に手助けするから、安心してね。

このように、まずは**発表できないことがダメなことではないのだ**と感じさせることが大切です。その子にとっては、発表するかしないかの境目に立っていて、それだけでエネルギーを使っているはずです。先生はいつでもサポートするから、ゆっくりと少しずつ進んでいけば大丈夫だよと、安心できるような伝え方を心がけたいものです。いきなり発表することの後押しをするよりは、今の立ち位置で安心させてあげることを最初の手立てとして選択するようにします。

発表できない理由に寄り添ってあげる

発表ができないということについて、その子なりの理由があるはずです。発表したいという気持ちはあるわけですから、その一歩を踏み出すための大きな壁があります。その理由が何なのかを、しっかりと聞き取った上で、それに対するアプローチを考えるのが次の手立てになってきます。

ここで大切なのは、**「発表できるために先生も一緒に協力するよ」**ということが伝わるような伝え方をすることです。そのためには、やはり何が理由で自信が持てないのかということを丁寧に聞き取ることが求められます。適切なアプローチをするために個別で聞き取りをすることは、それだけ大きな意味を持ちます。

伝え方

T ○○さんが発表に自信がない理由を教えてくれるかな？ 先生が聞いてみて、もし少しでも手助けできることがあるなら一緒に考えてみようと思うんだ。

C 上手く話せる自信がないし、周りからどう思われるか気になります。

T なるほどね。周りがどう思うかは分からないこともあるし、心配だよね。じゃあ、先生と一緒に発表するっていう気持ちでチャレンジするのはどうかな？ ○○さんが発表するときには、周りが聞いてくれる雰囲気を作るし、途中で詰まっても、その後は先生が言葉を出しながら、一緒にみんなに聞いてもらえるように手助けするよ。

あとは実際に、場の雰囲気を整えてあげることに徹します。発表できたら、周りの子も含めて拍手で称賛します。これがまた、次につながるきっかけになります。

02 リーダーになりたいけれど空回りしてしまう子

「クラスの中でリーダーになって、みんなをまとめたい！」という気持ちを持っているにもかかわらず、なかなか上手くいかない子に向けて、何を伝えますか。周りとのボタンの掛け違いを戻してあげる伝え方で、周りとの関係性も変わるはずです。

リーダーを特別だと思わない

リーダーになりたいと思いながらも、それが上手く形に表れずに周囲との関係がぎくしゃくしてしまったり、少し浮いた存在になってしまったりする子もいるのではないでしょうか。意欲的なのになかなか上手くいかない。こんなときに、リーダーになりたい子の立ち居振る舞いをサポートしてあげる必要があります。具体的には、**リーダーという立場になったら何かが変わるわけではなく、リーダーという存在として認められて初めてリーダーとして活躍できる**ということです。私はよくこんな伝え方をしています。

伝え方

T　○○さんって、リーダーになってクラスをまとめたいんですよね？　その気持ちはとても素晴らしいことだし、先生も嬉しく思っています。でも、今はそれがなかなか上手くいかないって感じていますよね。どうしてだと思いますか？
C　周りが思っていることと、自分がやっていることがずれているからだと思います。
T　なるほどね。じゃあ、そのずれを直すために必要なことを伝えますね。それは、リーダーとして認めてもらえるような関わりをするということです。「自分はリーダーになったから、みんなにどんどん声かけをしていくんだ」という気持ちよりも、みんなから認めてもらえるような姿を見せていくことから始めてください。それが、優しさや思いやりを含めた行動となって表れると思いますし、そんな姿を見るからこそ周りの人も「この人はリーダーとして任せられる」と感じてくれるものです。空回りしているときこそ、自分がどういう姿でいると良いのかを考えてみるといいですよ。

リーダーとして活躍するためには、上手く周りとの関係を築いていくことが必要不可欠です。だからこそ、空回りしているときほど、その子自身の行動を見つめ直すきっかけを作ってあげることが大切です。

色んなタイプのリーダーがいる

皆さんが思い描く理想のリーダー像とはどんな姿ですか。きっと、同じものばかりではないはずです。どんどん引っ張ってくれるタイプもいれば、聞き手に徹して上手く調整してくれるリーダーもいるでしょう。子どもたちにも同じことが言えます。つまり、**自分がやりやすくて、自分に合っていると思うリーダーになれるようにしていこう**と伝えるのです。理想を目指して努力することも大切ですが、自分の武器を最大限に活かす方法もあることを伝えることで、あるべきリーダーとしての姿に変化が生まれることも大いに考えられます。そんなヒントをちょっと伝えると良いと思います。

伝え方

T　○○さんは、リーダーになりたい気持ちが強くてたくさん声かけをしてくれていますよね。やってみてどう感じていますか？

C　なかなか上手くいかなくてしんどいときもあります。

C　そうかなと思っていました。先生は、これまでに○○さんが、相手のことを丁寧に聞くことができる素敵な姿をたくさん見てきました。だからこそ、そういうリーダーの姿があっても良いと思っていますし、その方が○○さんの良さが光るかもしれませんね。

03 友達とよく喧嘩になってしまう子

よく喧嘩をしてしまうなど、周りの子とのトラブルが多くなってしまう子に対してどのように伝えると、周りと上手くコミュニケーションがとれるようになっていくのでしょうか。

まずは本音をしっかりと受け止める

トラブルになった子と話をするときに最初にやるべきこととして挙げられるのが、**「本音をしっかりと聞き出す」**ことです。喧嘩をたくさんしているからと言って、「またか」と感じて個別指導にあたると、それが態度や言い方に表れてしまいかねません。喧嘩をした後は、感情的になっていることもありますし、子どもの頭の中はいっぱいいっぱいです。その状態を一度空っぽにしなければ、教師が話したことがスッと伝わりにくくなってしまいます。

伝え方

T　○○さんと喧嘩になったのですね。どんな気持ちだったのかを教えてくれますか。

C　私はルールを守っていたのに、○○さんがそのことを理解してくれなくて腹が立ちました。それで言い合いになってしまいました。（※時間をかけて、もっと詳しく話を聞いていくと良いと思います。ここでは割愛します。）

T　なるほど。どういう気持ちだったのかがよく分かりました。○○さんに理解してもらえなくて腹が立ったということは理解しましたし、確かに理解して欲しいときにそれが伝わらなかったら、もやもやしますよね。

実際は、ここからもう少しやり取りを続けていくと思いますが、まずはこれで本人の気持ちを受け止めることが必要です。そして、特に私が意識しているのは、**「理解したよ」という言葉を伝えること**です。それだけでも、子どもにとっては共感に近い感覚を持つことができ、「自分の気持ちを先生は理解してくれた」と思えるのです。これがあることによって、後で伝える具体的な内容が子どもたちの中にスッと入り込んでいきます。

喧嘩は思いと思いのぶつかり合い

また、**喧嘩というものが悪いわけではない**と子どもたちには伝えるようにします。もちろん、暴力や暴言など、方法としてとってはいけないものはあります。しかし、喧嘩というのは**「相手にも思いがあるからこそ生まれるもの」**だと伝えるのです。そうすることで、喧嘩をした相手にも自分と同じように、何かしらの思いがあったのだと気付くきっかけになるでしょう。

納得がいくかどうかは別問題ですが、少なくとも喧嘩を減らしていくためには、相手の思いに寄り添っていこうとする姿勢が必要になります。

伝え方

T 喧嘩をするってどんなイメージですか？
C 悪いイメージです。
T 確かにもやもやしますし、良いイメージではないですよね。ただ、喧嘩というのは、思いと思いがぶつかっている状態です。○○さんがさっき話してくれたように、相手にもその思いがあるってことです。だからこそ、互いの思いを知ろうとする気持ちが大切です。気持ちがぶつかることはあるだろうけれど、全てを否定し合うことをやめて、お互いに知ろうとすると良い関係になっていくと思いますよ。

子どもたちの関係を自分たちで良いものにしていけるような伝え方をしていきましょう。

04 なりたい係や委員になれなかった子

クラスでの係活動や学校での委員会活動などで、なりたいものを選んで決めていくときに、希望通りになれない子が出てくることがあると思います。そんなときも、伝え方一つで、その子を前向きにさせることができます。

「仕方ないよね」で終わらせない

なりたい係や委員になれなかった子に対する伝え方でやってはいけないのは、**「仕方ないよね」で終わらせてしまうこと**です。たとえじゃんけんで決まったとしても、そのような伝え方をしてしまうと、子どもの心は離れていくでしょう。なぐさめの言葉かけでもなく、子どもたちが前向きに考えられるような伝え方をするべきです。そのためには、**その子だからできること**を伝えます。自信を持たせるということに近いかもしれません。

伝え方

T　遊び係になれなかったこと、どう感じていますか？

C　とても残念ですし、他の係ではやる気が出ないです。

T　それだけ本気でなりたかったんだね。〇〇さんは、どうして遊び係になりたかったの？

C　遊び係として、クラスみんなが楽しめる遊びを考えて、クラスを盛り上げたかったんです。

T　なるほど。クラスを盛り上げることをやりたかったんだね。今回は違う係になったことで、気落ちしてしまっているのはすごく理解できるよ。だから、今すぐ切り替えるのは難しいかもしれない。ただ、〇〇さんに伝えたいのは、違う係でもクラスを盛り上げる方法を一緒に考えていこうよっていうこと。そこには先生も協力するし、皆も一緒になって取り組んでくれると思うんだ。だからこそ、クラスのことを想って係活動に励もうとする○○さんの力は絶対に必要だよ。

まず大切なのは、**本人がどこにこだわりを持っているのかを聞き出し、そこに共感すること**です。ここのチューニングがずれてしまうと、後々伝えることが響きにくくなってしまうからです。そこで聞き出したことをふまえて、視点を変えて伝えることに移るのです。その子にとっては、自分が希望した係が全てだと思っているかもしれませんが、他の通り道もあるんだと実感させてあげることによって、希望通りでなくても前向きに取り組めるように、道標を示してあげるのです。

細かなフィードバックを繰り返す

希望通りではない係や委員会で取り組み始めた子に対しては、そのときだけ対話をすれば良いのではなく、**その後も継続して対話すること**が大切です。その中で、子ども自身が取り組んでいる内容に関するフィードバックを伝えてあげるべきでしょう。「やって良かった」「これはこれで楽しいな」と思えるようにすることで、後味悪くならないようにさせるのも重要なことです。

伝え方

T　〇〇さんは、環境委員会で頑張っているって他の先生から聞きましたよ。第一希望の委員会ではなかったけれど、学校のためにできることを全力で取り組めている〇〇さんは、本当に素敵です。誰にでもできることではないし、それをやろうと思ってからの行動力は素晴らしいです。学校のために一生懸命取り組んでくれて、ありがとうね。

委員会のように学校全体のために行動している様子に対しては、「ありがとう」と伝えることを意識したいものです。それが子どもにとっての自信にもつながるはずです。

05 学級リーダー（学級委員）になった子

学級内でリーダーを選出する機会には、リーダーになった子への伝え方一つで、その子の背中を押すことになります。自信を持って学級のリーダーとして活動ができるようにすることが大切です。

決定することを委ねる

物事を進めていく中で、最終的な判断が必要となるのは**「決定するとき」**です。議論はしたけれど、なかなか話がまとまらないといったこともあるでしょう。子どもたちの中の話し合いでもそれは考えられますよね。皆に意見は聞いたものの、食い違いが生じてその場では判断できない状況も考えられます。そんなときだからこそ、学級リーダーが決定するという機会を持つことは大切です。その過程では、全体での議論や話し合いをすることが大前提ですが、それらをふまえて「自分たちはこんな風に考えました」と全体に伝えることがなければ、リーダーとしての責任を持つ機会は薄れてしまいます。だからこそ、「そういう機会を作るからね」と伝えることが大切です。

伝え方

T　学級委員としてこれから活躍してくれることを、とても楽しみに思っています。先生が伝えたいのは、何かを「決定する」ということに自信を持って取り組んでほしいということです。色んな話し合いや議論をすると思うけれど、皆の意見をふまえて悩んだときには、しっかりとした理由とともに、君たちが決めたことを皆に伝えたら良いと思っています。そこでも議論が続くかもしれないけれど、皆の意見を全て取り入れることが難しいときもあるからこそ、君たちの考えや想いも大切にしてほしいです。判断が難しいときは先生も協力するので、自信を持って堂々と取り組んでくださいね。

こうしたことを個別に伝えるのに加えて、**全体にも伝えておく**と丁寧な指導になります。学級委員が皆の想いや考えも大切にした上で、決定したことを提案する場合もあるのだとクラス全員が理解していれば、学級委員の子たちも安心して決定することができます。

悩みは成長の証

学級委員になると、「周りの子がちゃんとやってくれない」「自分たちが頑張っているのに理解してくれない」といった周りの子への不満が出てくることも考えられます。だからこそ、事前にそうした状況を想定したことを伝えておくと良いです。そうした不満からくる悩みは決して悪いことではないということを伝えるのです。また、**悩み事が出てくるということは、それだけ色んなことを想定して考えている証拠**ですから、それを全面的に伝えることで、悩んでいる状況になったとしてもプラスに捉えられるような声かけが届きやすくなります。

伝え方

T 学級委員になると、クラス全体や学校全体を見ることが出てきますよね。そうなると「周りが理解してくれない」と感じることや、「上手く進まない」と思うことがあるかもしれません。そうした悩みは決してマイナスに捉える必要はありませんよ。周りと常に考えが一致するなんてことはあり得ないですし、そうした状況があるからこそ、物事を進められたときに達成感が生まれるのです。もちろん先生も一緒に悩みますし、抱え込まないようにしてくださいね。

悩み事が出てきたときの受け皿に教師自身がなってあげることは、絶対に必要なことです。その上で、悩みながら一緒に進めていこうというメッセージを届けると、学級委員は安心して取り組むことができることでしょう。

06 宿題忘れがなかなか減らない子

宿題を持ってくることができない状況が続く子がいたとき、その子にどのような伝え方をしますか。叱って終わりというのではなく、丁寧な伝え方によって、継続して宿題提出ができる姿になることが期待できます。

学習習慣を構築するための手助け

宿題を忘れることを繰り返してしまう子の背景には、様々な理由が考えられます。家庭環境などが関係している場合もあり、その辺りは情報を得る中で対応を考えるべきです。

今回は、**学習習慣が成り立っていない子**への伝え方をご紹介します。日々の学習習慣が曖味になっていると、宿題をやれたり、やれなかったりが定まらないことが考えられます。その点を手助けしてあげられるような伝え方をすると良いでしょう。

伝え方

T ◯◯さんは、家に帰ってからどんな生活を送っているのか教えてくれる？
C 友達と遊んだり、ゲームをしたりしてから、ご飯を食べて……。
T なるほど。宿題ができているときは、その中に学習をする時間も入ってくるっていうことだよね。毎日お風呂に入る時間が決まっているように、宿題に取り組むことを日々の決まったときに入れておくと、◯◯さんにとっても分かりやすくなると思うんだ。いつだったら宿題をすることができそうかな？
C お風呂に入る前は時間があるかもしれないです。
T じゃあ、その時間に毎日宿題をすることを決めておくと、忘れずに済むかもしれないね。

学習習慣を築いていくためには、宿題を習慣化するようにしていく必要があります。習慣化するためには、取り組む時間を決めるだけで、劇的に変わることも考えられます。子どもと一緒に一日の生活を見返すきっかけを作ってあげると良いでしょう。

自力で取り組めない子へのフォロー

宿題ができない背景の一つに、**自分だけで解くことが難しい**という場合も考えられます。そうした子へのフォローは必要不可欠です。学習面でのサポートとして、子どもたちにどのような伝え方をするのかによって、宿題の取り組み方が変わっていきます。学校で一緒に取り組んだり、翌日に取り組めるような幅を持たせてあげたりなど、子どもと一緒に相談しながら考える時間を大切にしていきたいものです。宿題ができないことを自力で解決するよう促すのは、子どもにとって酷なことです。

伝え方

T　宿題に取り組むのが難しい理由って何かな？
C　分からない問題があって、なかなか進まないんです。
T　そうだったんだね。自力で解くのが難しいってことなら、学校で一緒に取り組むのはどうかな？　学校で少し一緒に取り組んでから帰るか、翌日に一緒に取り組むか、どっちがいい？
C　翌日に一緒にやる方がいいです。
T　じゃあそうしようか。○○さんの力を伸ばすために、一度は自分で考えてみてほしいんだ。それでできなかったところは一緒にやっていくようにしよう。

学習機会を作りつつ、しっかりフォローできる伝え方を意識していくと良いでしょう。

07 忘れ物が多い子

忘れ物が多い場合も、宿題忘れが減らない場合と似ていますが、生活習慣を一緒に考えられる伝え方をすると良いでしょう。また、それぞれの生活がどのような状態なのかを知るきっかけにすることも、ねらいの一つです。

その子なりのやりやすさがある

忘れ物をしないための方法には、どのようなものがあるでしょうか。「メモをとる」「付箋に書いて筆箱に入れる」などが一般的と言えるかもしれません。ただ、その方法は果たして全員に合った方法と言えるのでしょうか。

教師は、全体指導の中でやり方を統一することが多々あると思います。ただ、子どもたちの生活リズムや家庭での生活環境は様々です。それをふまえると、生活習慣に関わるようなことは、丁寧に個別対応できるようにしておくべきです。ですから、**とにかく尋ねながら子どもの実態を把握すること**が何より大切だと言えます。

伝え方

T　最近忘れ物が多いから心配しているんだけれど、家でバタバタしていて忙しいの？
C　習い事が多くて、家に帰ってからもバタバタしている日が続いています。予定表は見るようにしているんですけど……。
T　夜遅くまで大変だよね。それでも学校に毎日来て、よく頑張っているね。忘れ物をしないための手助けを先生もしたいと思っているんだけれど、一緒にその方法を考えようか。やりやすい方法だと、メモを書くことがあると思うんだけれど、どうかな？
C　予定表を見ているんですけど、メモを見られるかどうか……。

T　予定表を見るんだったら、そこにメモを書くのはどうかな？　それか、○○さんが、ここだったら見落とさないっていう場所があれば、それでも良いと思うよ。
C　一つの場所にする方が分かりやすいので、予定表に付箋を貼るようにしてみます。
T　よし。じゃあひとまずその方法でやってみようか。

子どもの生活を把握するためには、まずは**「大丈夫？　心配しているんだよ」というメッセージを伝える**ことが大切です。その上で、子どもと一緒に考えるスタンスにするのです。また、１回目に決めたことが上手くいかなければ、異なる方法に変えることも選択肢の一つとして伝えておくと、子どもは安心するはずです。自分に合ったやり方が何なのかを見つける時間は、一定確保しておいてあげると良いでしょう。

保護者の手伝いを必要とするかどうか

次にポイントとなるのが、**保護者の協力**です。小学校低学年であれば、協力を求める方が良いケースが多いかもしれませんが、上級生になればなるほど、子どもがそれを望まないことも多々あります。だからこそ、そこは子どもに確認しながら進めていくのです。

伝え方

T ○○さんの忘れ物が減るようにするために、お家の人に協力してもらうっていう方法もあるけれど、どうかな？
C 正直、家で色々言われるのは嫌なので、自分で頑張ってみたいです。
T なるほど。自分で何とかする方が良いと思っているんだね。じゃあ、自分でやれるようにしていこうか。先生も協力するよ。

子どもの想いを汲み取りながら、保護者連携を進めていくことを大切にしていきましょう。

08 思いもよらない形で友達を傷付けてしまった子

わざとじゃないのに友達を傷付けてしまった子に対する、フォローを含めた伝え方です。けがをさせたり、キツい言葉が出たりなど、色んなケースに対応できる伝え方を通して、子どもが次の一歩を踏み出せることをねらいとしています。

予測できたところを振り返る

思いもよらない形というのは、**わざとではない**というのが前提にあります。ですから、喧嘩とは異なる場面を想定して考えてみます。ただ、友達を傷付けてしまっているという状況からすると、「仕方ないね」「心配しなくていいよ」と伝えるのは違います。**傷付けて**

しまったことに、何かしら原因がなかったかどうかは、子ども自身がしっかりと振り返ることができるようにするべきです。その上で、予測できた場面があったのであれば、その際にどうしておくと良かったのかを考える機会にすると良いでしょう。

伝え方

T　友達がけがをしてしまったことについて、今はどう思う？
C　わざとではないのですが、けがをさせてしまったことを反省しています。
T　誰かが、けがをするかもしれないって分かっていて遊んでいたのかな？
C　いえ、考えていませんでした。
T　きっとそうだよね。けがをするかもしれないとは考えずに遊んでいたんだと先生も思う。ただ、今思い返すと、このけがって仕方なかったことだって言えるかな？
C　いや、事前に考えていれば防げたと思います。
T　それがすごく大事だと思うんだ。事前に予測をしていれば防げたのであれば、そこまで考えられるようにしておくべきだし、これからはそうしたところまで考えられる人になっていってほしいです。

叱るというよりも、**「自分で考えておけば防ぐことができたのだ」と気付けるようにすること**が大切です。そこに気付いたのであれば、その姿を価値づけるようにしたいものです。子ども自身の成長につながるような伝え方をすることを忘れてはいけません。

常に次があるとは限らない

一方で、友達が傷付いたということについて、軽く考えることはあってはなりません。「次頑張れば良いよ」というのは、タイミングによっては相応しくない伝え方になります。傷付いた子がいることをふまえて、**「次」があるとは限らない**ということも伝えておくべきです。けがの度合いがひどかったり、軽はずみで発した言葉が、相手を深く傷付ける暴言だったりしたら、取り返しのつかないこともあります。ですから、伝えられるうちに、

「次」が必ずあるとは限らないということを、丁寧に話しておくと良いと思います。

伝え方

T 今回は、大きなけがにならなくて済んだけれども、一歩間違えれば大変なけがになることは、どんなときでも考えられることです。だからこそ、次があるから大丈夫だと思い込まないでほしいと先生は思っています。身体にせよ心にせよ、傷付いた度合いやその重さは人それぞれです。だからこそ、今後同じことが起こらないような行動をしてほしいのです。たった少しの軽い気持ちでも、大きな事態につながることもあるのだと理解しておいてくださいね。

釘をさすような伝え方にはなりますが、軽い気持ちが思いもよらない事態につながっていた場合には、今後同じことが起こらないようにするためにも、このような伝え方が大切です。

09 教師の言うことをなかなか聞けない子

教師の言うことを聞くことができずに集団行動に追いつけなかったり、スタートが遅れてしまったりする子に対する伝え方です。叱る指導ではなく、話を聞くことができるようなシステムを伝えてあげると、効果が現れることもあります。

スイッチをはっきりさせる

話を聞くことの指導の中でも、分かりやすいのは、**「ここぞというスイッチを子どもにはっきりと示す」**ということです。常に教師の話をしっかりと聞いている子ばかりではなく、今回のケースのように、なかなか聞くことができない子は当然いるはずです。ただ、子どもに原因があると決める前に、教師自身の話すスキルにも目を向けることを忘れてはいけません。その上で、子どもには**「今から話すから聞いてね」というスイッチを明確に伝えておく**と良いと思います。私の場合は、**声のトーン**と**「目を見て」という言葉**です。これによって、子どもにもスイッチが入るように伝えるのです。そこさえ分かっていてくれれば、短時間は話を聞けるようになる子が一気に増えます。

伝え方

T　○○さんが先生の話を聞いてくれるように、先生から「話を聞いてね」というスイッチになることを伝えておくね。まずは「声のトーン」。先生は大切な話をするときや真剣に聞いてほしいと思って話をするときには、いつもより声の高さが少し低くなるようにしているんだ。だから、そういう声になったときには、大切な話だと理解して聞いてほしいです。もう一つは「目を見てね」と伝えます。目を見てくれていれば、話を聞く雰囲気になるはずです。クラス全体がそういう雰囲気になっていくはずだから、○○さんもそれに乗っかってほしいと思っているんだ。ずっと話を聞き続けるのが難しいときもあるだろうけれど、今のスイッチを入れるポイントになったら、意識してほしいと思っています。

全体指導でもこうしたことを伝えておくと、子どもたちにとっても分かりやすくなるでしょう。また、個別で伝えておく中では、**その子に合ったスイッチの入れ方を模索する**ことにもつながるはずです。

机の上には何も置かせない

話を聞けない理由の一つに、手遊びがあります。机の上に出ているものを触りながら遊んでしまって、なかなか話を聞けないというパターンです。そのため、**話を聞くときには机の上を片付けるようにすることをルーティンにしておく**と良いです。

先ほどと同じように、全体指導のときにも伝えておくと効果的ですが、個別に伝えることによって、整理整頓を頑張ろうという話にもつなげることができます。全体と同じような内容を個別に伝えることの意味は、**そこから派生的に他に関係する話題にもつながっていくこと**にあります。一つのことで完結させるのではなく、他の内容にも触れながら話をするようにしていきましょう。

伝え方

T　話を聞けるようにするために、まずは、机の上には何も置かないように意識していきましょう。それによって、手遊びをして話を聞き逃すことは一気に減るはずです。そのために、普段から整理整頓を頑張っていきましょうね。机の周りを綺麗にするタイミングを一緒に決めましょうか。いつだったら毎日片付けができそうかな？

教師も一緒に手助けするという姿勢を伝えることは、忘れないようにするべきです。

10 怒りの感情が前面に出てしまう子

怒りの感情が前面に出てしまう背景には、感情のコントロールが難しいことが考えられます。だからこそ、「コントロールの手助けをする役割として、教師がいるのだ」ということを伝えるようにしたいものです。

クールダウンの場所を決める

怒りの感情が一気に出てしまったときには、それを自分自身でおさめることは困難な場合があります。誰が何かを言ったとしても、効果がないケースも考えられます。そんなときに、よく言われるのがクールダウンです。**「まずは落ち着かせる。話はそれから」**ということです。興奮状態にある場合には、そうした時間をとることを選択肢の一つに入れておきましょう。

そこで必要となるのが、**子どもにとってクールダウンしやすい場所を決めておく**ということです。比較的すぐに戻って来ることができるところにするというのもポイントです。

伝え方

T　○○さんが感情的になってしまったときに、一度クールダウンをして冷静になる時間が必要になったら、どこでその時間を過ごす方が良いか考えておきましょう。先生は、比較的教室に近い図書室が良いと思うのだけれど、どうかな？

C　図書室なら安心ですし、そうしたいです。

T　じゃあ図書室にしましょう。ただし、一人で勝手に行かないようにはしてくださいね。先生たちもクールダウンするのに協力しますから、そこは安心してね。

子どもを一人にさせておくのは安全管理上良いとは言えないため、他の先生とも連携を取りながら進めるようにしましょう。クールダウンの方法については、より個別的な対応となりますが、**「選択肢の一つとして持っていていいんだよ」というメッセージを伝える**だけで安心する子はいるはずです。

先生に全部吐き出せば良い

感情が爆発するように一気に怒りが込み上げてきて、それが態度として表れる子には、必ず**「先生に吐き出してしまえばいいから」**と伝えています。子ども相手にそれを向けてしまうと、その子自身が悪者になったように周りから受け取られてしまうこともあるからです。何かしらの理由があって怒りとなって表れていることを、冷静に受け止められる教師が受け皿となってあげることで、様々な問題を未然に防ぐこともできます。そうしたことから信頼関係へとつながっていくことも多々あります。誰かに本音で吐き出すことができるのだと思えるだけで、感情をコントロールすることにも徐々につながっていきます。

伝え方

T　〇〇さんが感情的になって、怒りが全面的に出た理由は話を聞いてよく分かりました。〇〇さんなりに腹が立ったということだよね。それは理解しました。でも、それが相手を傷付けるような暴力や暴言になって表れてしまったら、〇〇さんが相手を傷付けたことになるのは分かるよね。先生はそこを防ぎたいと思っています。だから、もしこれから腹が立つようなことがあれば、まずは先生のところへ来て伝えてごらん。直接自分でぶつかっていくのではなく、誰かの力を借りることも大切です。それによって、自分の思っていることがスムーズに相手に伝わることもたくさんありますよ。

怒りの感情をコントロールするために、教師が入るだけで気持ちが整理される子もいるでしょう。**「先生がいるから大丈夫」**と安心させられる伝え方を心がけましょう。

11 一生懸命友達を助けている子

クラスの中で、周囲の友達を助けている子がいたときに、「ありがとう」の言葉以外にどのような伝え方をすると良いのでしょうか。相手のことを思って行動できる子に向けたメッセージは、その子の自信につながります。

あなたのおかげで救われる人がいる

友達のことを助けている子がいることによって、学級経営を上手く進められることは多々あります。助け合いが成り立っているからこそ、落ち着いた雰囲気が生まれます。ただ、そうやって周りを助けられる子に、ついつい頼りがちにはなっていないでしょうか。

その子自身が不満を溜めたり、過度な負担を感じたりしないようにフォローをするのは教師の役割です。「ありがとう」という言葉を超えたメッセージを伝えるようにしていきましょう。

伝え方

T　○○さんは、他の友達のことをたくさん助けてくれているよね。本当に素敵な姿だなと思って感心しています。「ありがとう」という気持ちはもちろんなのだけれど、「○○さんのおかげで救われている人が必ずいる」ということを忘れないでほしいなと思っています。助けてもらった人の心の中を全て読むことは難しいけれど、○○さんの優しさは確実にたくさんの人に伝わっているはずです。人の支えになってくれていることに、先生からも感謝の気持ちを伝えたいと思います。

「救う」という言葉を使うことで、とても大きなことなのだと認識してもらうのもねらいの一つです。それによって、次に紹介する、「誰にでもできることじゃない」というメッセージにもつなげることができます。

誰にでもできることじゃない

「友達のことを助けてあげてね」という言葉かけは、よく使われますし、子どもたちにも伝わりやすいものです。しかし、それを自ら率先してやるのは簡単ではありません。自分のことを完璧にした上で、相手のために動くわけですから。たくさんのエネルギーを費やします。

だからこそ、周りを助けることは当たり前だということを伝えるのではなく、**周りを助けられることは誰にでもできることじゃなくて、その人の長所であり、今後も持ち続けてほしい素敵な一面なのだ**と伝えることが大切です。個別にそう伝えてもらうだけで、子どもにとってはとても嬉しいことのはずです。もし、その子が友達を助けることを当然のように感じているのであれば、なおさら、「あなたがやっていることはすごいことなんだよ」というメッセージを伝えると効果的です。

伝え方

T　友達のことを助けるというのは、ごく普通のことだと思っているかもしれないけれど、実はそれはとてもすごいことなんだよ。誰にでもできることじゃないと先生は思っていますし、○○さんだからこそできることなのだと感じています。周りのことをよく見て行動し、相手の気持ちの変化を感じ取ろうとする心がその姿勢につながっていると思います。これからもその長所を持ち続けてほしいなと思うし、周りから信頼される人になっていくのが楽しみです。いつも本当にありがとうね。

子ども自身が自分の行動に自信を持つことをねらいとした伝え方です。大げさに伝えるというよりも、落ち着いた雰囲気でゆっくり伝えると良いでしょう

12 友達への注意がつい キツくなってしまう子

友達の行動一つ一つが気になって、注意がついキツい言い方になってしまう子への伝え方です。正義感が裏目に出てしまうことも考えられるため、その点をフォローしつつ、度が過ぎた注意にならないようにしてあげましょう。

相手への感情を整理する

友達への注意がキツくなってしまう背景には、相手への感情が関係しています。例えば、「教室で騒がしいから注意をする」ということが本来の目的であるはずが、その前の休み時間のドッジボールで納得いかないことがあったため、そのときの感情を注意に込めてぶつけてしまっているといったケースです。こうしたことの積み重ねが、友達とのいがみ合いを生んでしまうことにもなりかねません。

ですから、注意がキツい場合には、**相手に対してどのような感情を持っているのか**を聞きながら対応すると良いです。もし他のことは特に関係なく、単に言い方の問題であれば、そのことについて触れながら伝えれば良いです。子どもの感情によって伝え方を変えるようにしましょう。

伝え方

T　友達への言い方がキツいときがあるのが気になるんだけれど、○○さんは振り返ってみてどうかな？

C　確かに言い過ぎてしまうときがあると思います。

T　特に△△さんへの言い方がキツくなったり、他の子に比べて頻繁に注意をしたりすることが多い気がするんだけれど、何か思うこととかがあるのかな？

C　よく喧嘩になってしまって、腹が立つことが多いんです。

T　そうなんだね。じゃあ言い方がキツくなっているのも、腹が立っているっていう感情が関係しているのかもしれないね。注意がキツくなることで、余計に相手も腹を立ててしまって、悪循環になることもあるよね。だから、言い方は気をつけられるようにしよう。ただ、腹が立つようなことが続くのもお互いに良くないから、そういう場面があったらすぐに解決できるように先生に伝えてほしいな。

感情に起因して、言い方がキツくなってしまう場合には、これまでの経験が関係していることも多々あります。子ども同士に任せることは避ける方が良いでしょう。教師が整理しながら、互いの思いも汲み取って話をする方向に進めていくと良いと思います。

距離感を考えられるようにサポート

特に注意の頻度が高くなっている場合においては、**「気にし過ぎ」の状態**にあることが予想されます。ですから、子ども同士の距離感を上手く保てるようにサポートしてあげると良いです。ただ、距離感と言っても感覚で掴むものですので、白黒はっきり分かれるわけではないということが前提にはなるでしょう。

伝え方

T　○○さんから△△さんへの注意や声かけが必要以上になってきている気がするから、気になっていいます。気になってしまって、ついつい言ってしまいたくなるのかもしれないね。だからこそ、相手との距離感を考えられるようにしていこう。自ら何でも言い過ぎず、時にはそっとしておいたり、先生に伝えたりすることで、○○さん自身の気持ちにも少し余裕が出てくると思うよ。

「注意することをあえてやめてみる」という選択肢を示してあげるようにします。「やめる勇気があるんだよ」と伝えるのも大切なことです。

13 発言内容が気になる子

周りとずれることが全てダメなことであるというわけではありません。ただ、集団の中から浮いてしまって、孤立してしまわないように、教師が状況を的確に察知した上で、伝えておきたいこともあるはずです。そんなときの伝え方を紹介します。

タイミングが大切

子どもたちの中には、子どもたちだけが感じ取っている空気感があります。教師がどれだけ子どもたちの様子を見ていても、子どもたち同士だからこそ感じるものというのが存在するはずです。

周りのことは気にせずに、自分の思いをとにかく話し続ける子に対して、周囲の子どもたちからの反応が冷たくなるようなことがあれば、教師は敏感に察知できるようなアンテナを持っておかなければいけません。発言内容が理由で、周囲との関係性にも影響を及ぼしそうな場合は、丁寧な対応が必要となります。発言している子の話を聞いて、周りの子が「？」と感じているような場合は、**教師がその子の表現を分かりやすいように言い換えてあげる**と良いでしょう。

伝え方

T　今日、周りの友達から色々言われることがあったけれど、あのときはどんなふうに感じた？

C　色々と言われて少しショックでした。

T　そうだよね。いきなり色々言われると驚くよね。だから先生も他の皆に伝わるように割って入るように話をしたし、そこは安心して大丈夫だからね。せっかくだから、○○さんに伝えておきたいことがあるんだ。○○さんの想いや考えは素敵なものがたくさんあるし、大切にしてほしいなと思っているんだけれど、実はそれを話すタイミングってとても重要なんだよ。周りが話していることと、自分が思っていることや考えていることが関係していなければ、それって上手く意思疎通できなくなってしまうよね。だからこそ、今話すべきなのかそうでないのかを考えながら伝えようとすると、周りとも上手くコミュニケーションをとっていけると思うよ。

周りと上手くコミュニケーションがとりにくい子に対しては、確実に教師からのサポートは必要です。子ども自身が今後上手く関わっていけるように、タイミングが大切なのだということを伝えられると良いでしょう。

自分本位になっていないかを振り返る

周りとの波長が合わないパターンの一つに、**自分本位で話してしまう**ことがあります。

自分の世界だけで語ったり、物事を進めたりしてしまうのです。これは一つの長所でもありますが、集団行動をする上で孤立しないために、フォローをしてあげる必要があります。

伝え方

T　自分が話したいことを話す時間ってとても楽しいよね。先生もそこはすごく共感するところです。一方で、授業のように他の人と一緒の場にいて過ごす時間では、周りと同じ話題で話を進めていくことが多いよね。だからこそ、今は何を話しているのかをしっかりと理解しながら、それにあわせて話していけるようにすると良いと思うよ。全体の場で上手くいかなかったときは先生もフォローするから、そこは安心してね。

いつでも全てが悪いと決めつけるのではなく、本人の意思や気持ちを引き出すことを忘れてはいけません。

14 相手によく手が出てしまう子

暴力が良くないのはもちろんですが、突発的に手が出てしまう子がいたときに、どのように伝えるとその行動を変えることができるのかを紹介します。「暴力はだめ」以外の伝え方で、子どもの姿が変わっていきます。

暴力で良いことは絶対にない

暴力は許されることではないという指導は、全体指導の場でもよくされることでしょう。これは、個別指導になったとしても崩してはいけないラインだと考えます。どんな理由であったとしても、「そういう理由だったなら暴力も無理ないね」というのは、指導としては相応しくありません。この点は、子どもたちにしっかりと伝えるべきです。
ただ、**暴力に至った理由**についてはしっかりと聞き取って、理解したり共感したりするようにするべきです。「だめ」ばかりを突きつけても、子どもの感情はなかなか揺さぶられませんし、指導が入りにくくなる原因にもなります。

伝え方

T　どうして相手のことを叩いてしまったのかな？
C　からかわれて腹が立ったから叩いてしまいました。
T　なるほど。それで腹が立ったんだね。確かにからかわれることは嫌だろうし、その気持ちは理解するよ。でも、暴力になったら、それは○○さん自身が相手を傷付けてしまったということになるよね。本来は○○さんが嫌な思いをしたはずなのに、叩いてしまって相手を傷付けてしまったら、それは○○さんの行動にもいけない部分が出てきてしまうよね。だから、暴力を振るってしまうのは絶対にしてほしくないし、どんなときでも許されることではないということは改めて理解しておいてほしいです。

暴力によって解決することはないし、相手を傷付けることは絶対にしてはいけないことなのだということは強く心に訴えかけたいものです。ただ、例で示したように、**まずは子どもの気持ちを理解すること**から話し始めると良いでしょう。

力で気持ちはすっきりしない

暴力は、相手を傷付けることに加えて自分の気持ちも晴れやかにはしません。このことを子どもたちにも伝えていくべきです。また、腹立たしい感情になったときに、暴力以外にその気持ちを落ち着かせる方法も伝えておく必要があります。教師に話す・クールダウンをするなど、そこは子どもに応じて対応を変えると良いと思います。私は、よく**「先生に話したら何とかしてあげるから、話しに来てごらん」**と伝えています。

伝え方

T 暴力をふるってしまったけれど、腹立たしい気持ちが楽になるっていう感覚ってあった？

C いや、あまり変わりませんでした。

T きっとそうだよね。暴力って、相手を傷付ける上に、自分の気持ちをすっきりさせることもないってことです。だからこそ、暴力ではない方法で、腹が立ったときの気持ちを整理できるようにしていきましょう。腹が立ってどうしようもないときには、先生に話しに来てくれたら大丈夫です。そこで自分の感情を思いっきり出してくれれば、先生が後は上手く何とかします。感情を我慢する必要はないけれど、それを整理する方法は一緒に考えていこうね。

異なる方法を示してあげることで、暴力以外の方法を取ろうとすることにつながります。

15 習い事が多くて忙しそうにしている子

習い事が多くて、帰宅してからも忙しい日々を送っている子たちが少なからずいます。学校でも疲れの様子が見られたり、集中力が欠けたりしているとき、伝える内容によって、心を軽くしてあげることにもつながります。

日々の努力を認める言葉かけ

習い事が多い子たちは、日々の生活の中で体力や気力を消耗していて、朝登校してきてすぐにもかかわらず、冴えない表情をしていることもよくあります。夜遅くに習い事が終わって、そこから入浴や食事となると、就寝時刻が遅くなってしまうのも無理ありません。

そうした子どもに対しては、個別に声かけをする中で、**まずはその努力を認めてあげることが**効果的です。習い事をしていることに対して、「よく頑張っているね」といった言葉かけ一つで、心が軽くなる子はたくさんいると思っています。

伝え方

T　習い事で忙しくしているからか、最近疲れている様子が多くなってきて、先生は少し心配しています。でも、習い事に行って毎日学校に来るということを一生懸命継続している○○さんは、本当に素晴らしいと思いますよ。どちらも頑張ろうとしている気持ちが伝わってきます。ただ、習い事が夜遅くまでかかってしまう日は、体調管理に気をつけてくださいね。

後でも述べますが、習い事を理由に「忙しくて○○ができなかった」と言ってきた子どもに対しても、まずはここで紹介した例のように、子ども自身の頑張りを認めてあげることは大切です。これまでも何度も出てきていますが、伝え方として大切なのは、相手の懐に入って話せるかどうかです。

また、教師が子どもを気にかけているというメッセージが届くような伝え方を意識することも、忘れないようにしましょう。

習い事を言い訳に使わない

「習い事が忙しくて……」という理由によって、学校生活においてできないことが生じる子どもがいることも考えられます。習い事が夜遅くまである子にとっては、その日のうちに宿題ができないこともあり得るかもしれません。丁寧な聞き取りが必要です。

ただ、「習い事があるからできない」という理由をそのままよしとするのではなく、**習い事があるからこそ、学校生活の中でやるべきことをいつやるのか**を一緒に考えられるようにすることが必要です。例えば、「習い事の次の日に学校で必ずやる」や「下校前にやれるところまでは終わらせる」などの方法を提示しながら、子どもが、習い事を理由にできなくて仕方ないのだと安易に結論づけないようにはしたいものです。

伝え方

T 習い事が忙しいのは理解できるし、よく頑張っているなと思っています。だからこそ、習い事を理由にできなかったとすることは、してほしくないなとも思っています。せっかく頑張っていることなのだから、「習い事があったからできない」じゃなく、「習い事があるけれど、学校のこともやり方を考えながらやれる」という考えを持ってほしいです。宿題については、次の日、もしくは下校前に学校でやる方法もあると思うけれど、どうかな？

習い事をする子にとっては、時間を確保するのが難しい場合もあります。習い事と学校生活を両立できるような方法を模索し、必要に応じて家庭の協力をお願いすることも視野に入れておくことは大切です。

16 受験勉強に必死になっている子

最高学年になったとき、受験を控えた子どもたちが一定数出てくるはずです。受験での合格を目指す子どもたちに、教師として伝えられることがあります。学校生活と受験を両立させていこうとする子の気持ちを支えるメッセージになるはずです。

応援される人になってほしい

小学校6年生になると、中学受験をする子たちが受験勉強に一生懸命取り組むようになってきます。塾や模試の頻度が高くなり、気持ちの面で不安定になる子も見られます。また、あえて学校を休んで受験勉強に集中する期間を作る子もいるかもしれません。学校に来ないことをどうにかしようとするのではなく、学校に来ているときにその子へ伝えるメッセージ一つで、**学校生活への意味を見出す**ことにつなげます。

学習面だけで言うと、受験勉強をしている子たちにとって、学校で習う学習はすでに持っている知識である場合が圧倒的に多いです。ですから、「学校の勉強なんて……」と考えてしまいがちかもしれませんが、そう思わせないような伝え方をすることが大切であり、必要です。私自身、中学受験を経験しています。だからこそ、学校生活を送る上で大切だと思っていることを、子どもたちに伝えるようにしています。

伝え方

T　受験勉強が本格的になってきていて、塾にいる時間や勉強時間も増えてきているみたいだね。体力的にも大変だろうし、学校でも疲れが見える日が多くなってきたように感じているけれど、どうかな？

C　夜遅くまで補習もあって、疲れている日が多いです。だから学校の授業も眠くて……。

T　なるほど、大変な時期だよね。体調が悪いときは、お家の人とも相談したらいいからね。ただ、そんな○○さんに先生が伝えたいことは、「応援される人になってほしい」ってことです。受験本番が迫ってきたとき、クラスの子たちから「頑張ってきてね」と言ってもらえる人であってほしいと思っているんだ。そのためには、日頃の学校生活の中で友達との関わりを大切にしたり、一生懸命取り組んだりする姿勢が重要だと思うんだよ。先生は、「応援されることで、力を発揮することができる」と思っています。○○さんがこれから頑張ろうとしている道を皆が「応援したい」と思えるように、学校生活も充実させてほしいなと思っています。それが必ず○○さんの力にもなると思うよ。実際に受験をした先生もそうだったから。

受験をする子たちにとって、学校の友達から応援されることは、大きな力になります。**学校生活を充実させることによって、その子にとってプラスになる**ということを丁寧に伝えることが大切です。

やれることはやってきた

受験を控えた子たちに、直前に背中を押してあげることも大切です。教師として届けられるメッセージが必ずありますし、自信を持って臨めるようにしてあげたいものです。

伝え方

T 受験勉強が大変な中、学校にも一生懸命通って、日々の授業や行事にも取り組んできた○○さんなら大丈夫だと思うよ。緊張はするだろうけれど、学校の皆も応援しているし、自信を持って行ってきてね。「やれることはやってきた」と思ってほしいなと、近くで見ていた先生は感じています。

結果はどうであれ、**その子の努力を応援し、そして称賛すること**を意識しましょう。

17 上から目線のような言動が目立つ子

自分はできるのだと自信満々の子が、周りの子を見下すような言動をしていた場合に、伝える内容です。叱る指導というよりも、その姿を振り返らせるとともに、自信があることが良い方向に向かうようにすることが目的です。

自信と過信

自信があることは、本来とても素晴らしいことです。自分に自信を持てない人がたくさんいるのも事実です。自信があることで、思い切って何かにチャレンジできる強みにもつながるはずです。

しかし、自信があることが間違った方向に流れてしまわないようにはしておきたいものです。いわゆる**過信**になってしまわないようにするということです。過信の状態に近くなってしまっている子どもには、自信の方向を正してあげられるように伝えましょう。

伝え方

T　○○さんは、学習面でも運動面でもとても活躍していて、素晴らしいなと思っています。誰にでもできることではないし、自信がある姿を見られて嬉しく思っているところです。ただ、周りの子に対する関わり方の中で、一方的に指図したり、「自分の方ができるから」といった言葉が出ていたり、自信があることが裏目に出てしまっているような場面を見ることが増えてきたように感じます。どうだろう？

C　自分ではそこまで感じてなかったですけど、言われてみれば……。

T　それが原因で、トラブルになっているときもあるよね。最初に言った通り、自信があることって、とても素晴らしいことなんだよ。ただ、それが過信になってしまうと、良くない面として表れることもあるって知っておいてほしいです。使い方一つで、大きく変わってしまうものです。

過信していることが言動となって表れていて、トラブルになっている場合においては、まずそのことに気付かせることから始めるべきでしょう。その上で、自信がある中でも、相手に対する誠意が持てるような人に育てていきたいですよね。

「すごい」と言ってもらえる人に

スポーツの世界でも、実力がどれだけあっても、その他の態度面が良くないがために「すごい」と言ってもらえない人はいるものです。大谷翔平選手は、野球選手としての成績はもちろん、インタビューの受け応えや態度にも誠実さがあるからこそ、本当にすごいと世界中の人から思われているのだと感じます。ですから、自信がある中でも、**他の人とどのように接するのかによって、信頼されるか否かが変わるのだ**と伝えたいものです。

伝え方

T　大谷翔平選手が「すごい」と言われているのは、野球の成績はもちろんだけれど、それ以外の誠実な態度もあるからこそです。それがなければ、また違った評価になっていたかもしれません。だからこそ、○○さんにも、他の人から「すごい」と思われる人になってほしいです。その自信が周りの人を助けたり、他の人と協力したりする姿に結びつけられるようになってほしいと思っています。そうすれば、必ず○○さんの持っている力を皆が認め、信頼される人になっていくはずです。

周りから認められてこそ本物だと思います。そのためにも、自信のある子どもの歩んでいく方向性を示してあげられるような伝え方をしていきましょう。

18 遊びや授業での勝敗へのこだわりが強い子

遊びや体育の授業などで勝敗がつく場合、それへのこだわりが強く出てしまう子への伝え方です。勝敗だけが全てだという考え方を変えられるようにすることがねらいです。

負けから学べることもある

勝負となると、勝利を目指したくなるものですし、勝てなくて悔しい思いをすることもよく理解できます。ただ、勝てないことによって周りの子たちに迷惑がかかるような態度をとってしまうのを、そのまま見過ごすわけにはいかないですよね。仕方がないと割り切るのではなく、勝負をする上で大切にしたいことを丁寧に伝えるべきです。勝負をする以前に、相手がいなければ勝負をすることさえできません。それも含め、**負けたときだからこそ感じられる学び**があることを伝えるのです。

伝え方

T　負けたとき、とても悔しそうだったよね。それがつい他の子たちに対して厳しい言葉で出てしまったのかな。悔しい気持ちはすごくよく分かるし、それがいけないわけではないよ。ただ、負けるから学べることもあるんだよ。今日は体育の授業だったけれど、負けたからこそ見えるものってあるよね。チームの作戦や自分のプレー、それらを見つめ直すチャンスです。それが勝利につながっていくからこそ、勝負って面白いんじゃないかなと思っています。それに、勝ち負け以前に、対戦してくれる相手がいなければ勝負はできないよね。ラグビーでは、試合終了のことを「ノーサイド」と表すことがあります。これは、試合が終われば勝った側も負けた側もなくなることを意味しているそうです。だからこそ、対戦相手に

全体
個別

はリスペクトの気持ちを持てる人になってほしいな。

負けることへのマイナスのイメージを変えることが大きな目的です。負けてもいいんだと適当に考えるのを勧めるわけではなく、**勝っても負けても学びがあるのだ**と感じさせるような伝え方をします。

勝ちを目指すのは一生懸命な証拠

負けへのイメージを変えた後、もう一つ大切なのは、**勝ちを目指している姿を認める**ということです。これが、子どもに対する大きなフォローにもなるからです。

何かを変えようとするとき、急ぎ過ぎるあまりに全てを変えようとするのは避けるべきです。今の姿の良い部分はしっかりと伝えるからこそ、変えるべきだと伝えることがスッと入っていくものです。

伝え方

T　◯◯さんは、勝てなくてとても悔しがっていたけれど、それは勝ちを目指していた証拠だよね。つまり、それだけ一生懸命取り組んでいたってこと。学校の授業であっても、そこまで一生懸命に取り組んでいるのはとても素敵な姿だよ。だからこそ、負けたときにそれが悔しさになって表れたのだと思います。ただ、その出し方は周りに迷惑をかけないよう気をつけるべきです。それでも、それだけ懸命な姿がある◯◯さんなら、負けたときに学ぶこともできると思っています。これからの姿勢に期待していますよ。

悔しさの出し方に気をつけることを伝えましょう。その上で、勝ちにこだわっていることのプラス面も伝えることで、負けたときに学ぼうとする姿勢につなげるようにするのです。こうした伝え方が、子どもの心を動かすきっかけになります。

19 反抗的な態度を繰り返す子

教師が指示や声かけをしても、それに対して素直に受け止められずに反抗的な態度を繰り返す子に向けた伝え方です。個別に話をすることによって、徐々に相手の言うことを受け止められるようになる変化を期待することができます。

反抗的な態度の背景を探る

反抗的な態度をとる子への対応は、容易ではないと考えがちです。教師が指示したことを素直に聞き入れずに、逆の態度をとるわけですから、教師にとってはスムーズにいきません。そうした子が複数いれば、学級経営全体が揺らぐことにもなりかねませんし、早急な対応力が求められるケースだと言えるでしょう。

ただ、そうした子への個別の伝え方こそ、とても重要になります。とりあえず「言うことを聞きなさい」という伝え方では、火に油を注ぐだけになることもしばしばあり得ます。

そこで、まず大切にしたいのは**「反抗的な態度の背景を探る」**ことです。いきなり何かを伝えても上手くいかないことの方が多いので、反抗的な態度に至った理由を知ろうとする姿勢を教師が見せるのです。直球ばかりではなく、時には変化球も使えるようにしておくことは大切です。

伝え方

T　〇〇さんは、先生たちの指示や声かけに対して、いつも反抗的な態度をとっているように思えるから、とても気になっています。いつぐらいから今みたいな自分になったのか覚えてる？
C　覚えていないです。ずっと前からだと思います。
T　そうなんだね。今年になってからも、先生の言うことに対して今日みたいな態度が多いなと感じるんだけれど、先生たちに対して思うことってある？

C　何かある度に叱られるし、自分のせいにされるし、それがすごく嫌です。

T　なるほどね。具体的にそういった場面のエピソードってある？

C　△△のときに……。

T　話してくれてありがとう。先生たちが○○さんの気持ちをしっかりと理解していないって感じていたんだね。まず先生から言えるのは、○○さんのことが嫌いだということは決してないし、これから先も絶対にそんなふうに思うことはないよ。ただ、今の状態が続いていても、○○さんにとってプラスになるとは思えないから、何とかしたいなと思って今日もお話ししています。これから、何かあったときには、まず最初に○○さんの話を聞かせてもらえるかな？　その上で、何があったのかをしっかり整理しようと思うんだ。だから、反抗的な態度で自分の気持ちを隠すのではなく、思っていることや感じたことをその時々にしっかりと教えてほしいです。

紹介内容がやや長くなりましたが、それだけ慎重に話を進めるべきだということです。反抗的な態度ということは、教師への信頼が欠けている状態だと考えるべきでしょう。そこをしっかりと穴埋めできるように、**教師自身が今後のスタンスを子どもに伝え、守ろうとする姿勢**が求められると思います。

最初の指導が肝心

その上で、**最初の指導が肝心**です。ここで、どれだけ一貫した指導ができるかが今後を左右する大きな分かれ目となるからです。傾聴の姿勢は持ちつつ、教師が示してきたことや大切にしたいと考えていることについて、一貫した指導を心がけましょう。また、頭ごなしに叱るだけにするのは絶対にやめておくべきです。先に紹介しましたが、相手の気持ちは理解する姿勢は見せつつ、してはいけないことがあれば、それはしっかりと伝える。こうした流れを作っておくことで、今後何かを繰り返した際にも子どもに指導が入りやすくなります。反抗的な態度がなくなっていくのは、子どもが納得していくからです。**子どもなりの納得解を一緒に模索する姿が、子どもの心を変えていく**のだと信じています。

20 授業で活躍した子

授業内で活躍した子に対して、そのときの頑張りやこれまでの努力をどのように伝えるのかはとても重要です。授業での活躍を称賛することによって、その子に自信を持たせることにもつながりますし、学習意欲を高めることも期待できます。

一度のチャンスを逃さない

これまでに紹介してきた個別指導でも同じことが言えますが、**「タイミング」**というのはとても大切です。少しタイミングがずれるだけで、同じ内容を伝えたとしても効果はまるで異なってしまいます。ですから、「きた！」と思ったときを窺いながら、伝えるタイミングを磨くことも教師として必要なスキルです。
例えば、国語の授業で文章表現をとても上手く発表できた子がいたとすれば、国語が終わってすぐに個別に伝えるべきです。また、伝え方においては、とにかく自信を持てるように伝えること。こちらの気持ちがしっかりと伝わるように、ややオーバー気味だと思うくらいに伝えても良いかもしれません。

伝え方

T 今の国語の授業での発表、最高だったね。これまでは発表機会が多かったわけではないけれど、今日の1回の発表でこれまでの努力が一気に皆に伝わったと思います。毎日の授業の中で、友達や先生の話を一生懸命聞きながら、とにかく丁寧にメモしていたことが、自分なりの最高の表現になったんだよ。今日の自分の頑張りは、これからの自信にしてほしいと思っています。○○さんのこれまでの頑張りが、発表という形でも表れて嬉しく思っています。

このように、これまでの子ども自身の姿とも関連付けながら伝えることによって、その子のこれまでの姿も今回の姿と結び付いて、全部ひっくるめて称賛することになるのです。**教師が一つ一つの子どもの姿を具体的に示す**ことが大切です。「すごかったね。よく頑張った」の言葉だけでは、伝わり方が半減してしまいます。その子に響く言葉をしっかりと用いることを意識していきましょう。そのためには、観察力が鍵となるとも言えるでしょう。

子どものリアルな気持ちも引き出す

称賛する場面で同時に考えておきたいのは、**子どもの気持ちも引き出す**ことです。こちらから見たら、とても素晴らしいと思ったことであったとしても、子どもの本音は違うかもしれません。「そこまで気にしなくても……」と思うかもしれませんが、そこまで気にしてこそ本物です。子どもの心をしっかりと掴んで伝えることを目指すのであれば、抜け目なく子どもの気持ちを引き出すことは忘れてはいけません。次の例は、先の伝え方の続きだと思ってお読みください。

伝え方

T　○○さんは、今の先生からの話もふまえてどう感じていますか？

C　とても嬉しいですし、ありがとうございます。ただ、これから続けられるかどうかは不安ですし、プレッシャーもあります。

T　そうだったんだね。教えてくれてありがとう。確かに続けることって難しいよね。しなければいけないと思わずに、自分のタイミングで大丈夫。ただ一つ言えることは、今日の○○さんは、殻を一つ破ったってこと。そこには自信を持ったらいいんだよ。

伝えたことを子どもがどのように受け取っているのかを知るのも教師にとってはとても大切なことです。それを引き出すことを心がけると、言葉かけが変わってくるはずです。

21 宿泊体験学習中に指導が必要になった子

宿泊体験学習のような特別な思い出に残る行事で、指導をしなければいけなくなってしまった子への伝え方です。行事の途中だからこそ、子どもの心をグッと動かし、自分自身を見つめ直すきっかけになる伝え方を紹介します。

家族の思いを考えさせる

宿泊体験学習は、学校行事の中でも思い出に残りやすいものです。子どもたちにとっても、楽しみが倍増する行事の一つだと思います。大人になってからも、思い出話に花を咲かせる人も多いのではないでしょうか。それと同時に、保護者からすると、「楽しい思い出を作ってきてほしい」という期待の気持ちや、「我が子は大丈夫かな」という不安な気持ちの方もおられることでしょう。指導が必要になった子に対して話をする場面になったら、**親元を離れての行事だからこそ、親の顔を思い出すような伝え方**をすることで、自分自身の行動を振り返るきっかけにします。

伝え方

T　さっきは他の先生から注意をされることになったよね。そのことについては、さっきの段階で話をしていただいているから、ここでもう一度繰り返し話すことはしません。ただ、先生から伝えたいのは、「○○さんのお家の人の気持ちを考えてみてほしい」ということです。今、親元を離れて宿泊に来ているけれど、お家の人は、どんな思いだと思いますか？　きっと言葉には表さなくても、心の中は「楽しい思い出作っているかな」「帰ってくるのが待ち遠しいな」といった気持ちだと思いますよ。きっと今の○○さんの表情のような姿は想像しておられないのではないかなと先生は思います。だからこそ、先生も楽しかったと思えるような宿泊にしてほしいです。さっきの自分の行動を振り返ってみて、今、どう思いますか？

C　自分のことしか考えていなかったですし、直すべきだなと感じます。

T　誰にでもミスすることはあります。ただ、本当に最高だったなと家に帰ったときにお家の人に伝えられるような宿泊にしていこうね。今の姿を見ていても、自分をしっかりと見つめ直せているし、○○さんなら大丈夫だと思っています。

保護者の顔を思い浮かべることで、今自分が宿泊体験学習に来ていることは、自分一人だけのことではないのだと改めて感じられるはずです。それによって、自分自身を見つめ直すことができれば、その姿はしっかりと称賛することが大切です。

非日常だからこそ踏み込んだ話を

宿泊体験学習は、日常の生活の中にあるものではなく、非日常の行事としてあるものです。旅行や長期休暇も同じで、ちょっとした特別感がありますよね。だからこそ、個別に話をする機会を活かして、**友人関係など、学校ではなかなか聞き出せていないことを聞いてみる**のも方法としてはありです。

伝え方

T　ちょっと話は変わるけれど、○○さんって、△△さんと普段のグループの中で若干距離があるように感じるんだけれど、実際はどうなのかな？

C　うーん、嫌いではないんだけれど、ちょっと苦手で……。

T　そうだったんだね。けれど、宿泊中のグループ活動では上手くやっているように見えるよ。

C　今のところは大丈夫です。

T　丁寧に関わろうとしている姿が見られるし、そこは素晴らしいね。もし、ちょっと悩むことがあったら教えてくださいね。先生も様子は見ていくからね。

22 誰も見ていないところで素敵なことをしている子

クラス内で、誰かが見ていなくても率先して行動している子がいたときに伝えることです。誰も見ていないと思いきや、教師が見ていたことを伝えることで、その子自身の行動や心の素晴らしさを認め、価値づけてあげることができます。

あなたの力は本物

誰も見ていないところで素敵なことをしている子に対して、何かを伝えるために必要なことは何でしょう。それは、**「子どもを見ていること」**です。当たり前のことですが、誰も見ていないという「誰も」に教師が入っていては、伝えることは不可能です。ですから、他の子が気付いていないようなことを、教師が見ているというのは絶対に欠かせません。ただ、自分一人だけで見るのではなく、他の先生と協力することが大切です。

伝え方

T ○○さんが、放課後の誰もいない教室で昨日机を整えている姿を見かけました。本当に素敵な姿だなと思って感心しています。誰かに頼まれたの？
C いえ、帰る直前に気になったのでやっていました。
T 自分で気付いて本当に大切なことを選べる姿は本物です。自分の意思がしっかりとしている証拠です。それに、誰もいないところで机を整えるというのは、心が整っている姿そのものですよ。○○さんの素晴らしい一面を見ることができて嬉しく思っています。

誰もいないところでの行動というのは、その子の本当の姿だと捉えて、素敵な姿であることを伝えるようにしたいものです。誰かに言われてからやっている姿とはまるで異なる姿です。だからこそ、その価値付けはしっかりと伝えるべきです。その姿を見たときの、教師としての気持ちを素直に伝えることで、子どもには響くのではないでしょうか。

仲間を作るのが教師の役目

また、それに加えて教師としてやるべきことは、**その子の周りに仲間を作ること**です。これだけ素敵なことをしているのを全体に還元するということは、忘れてはいけません。ただし、強制的に働きかけるのではなく、行動を皆に紹介するといった流れです。その子自身の頑張りをクラス全体に伝えることによって、全体にも良い影響をもたらすでしょう。しかしながら、個別に話をする中で配慮をすることもあります。次に紹介する伝え方の例の中で、そのことについて触れています。

伝え方

T　○○さんの素敵な行動のことを、クラス皆にも伝えようと思っています。ただ、誰も気付いていないところでやっていた○○さんだから、それをあえてしていたのであれば、念の為に確認しておきたいなと思いました。皆に話しても大丈夫かな？

C　皆に話すのは、ちょっと恥ずかしいので……。

T　じゃあ、名前は出さずに、「こういうことをしていた子がいたんだよ。素敵だよね」っていう伝え方はどうかな？

子どもの気持ちに配慮が必要な場合もあるため、このように念のため確認をとっても良いかもしれません。私は、丁寧過ぎるくらいがちょうど良いと思っています。全体に向けて**重要なのは名前ではなく、行動の素敵さに目を向けさせること**でもあります。

23 教室で一人で読書をすることが多い子

晴れの日も雨の日も、教室で一人で読書をしていることが多い子がいたら、その子にどのような話をして、何を伝えるでしょうか。学校という集団にいるからこそ、集団とのつながりを作るきっかけになることをねらいとします。

望んでいるのか、それとも……

教室内で、一人で本を読んでいる子がいたら、皆さんはどのように感じますか？　やはり、集団の中に入れて一緒に活動してほしいし、そうさせたいと感じることが多いのではないでしょうか。私自身も集団で活動する場にいるのだから、少しくらいはそうした機会を作ってあげられるようにしたいと思うことが多々あります。一方で、子ども自身はそれを望んでいるのかどうかについては、はっきりと知っておく必要があります。教師の想いだけで突っ走ってしまうと、子どもとの関係性にも影響を及ぼすことになるからです。ですから、**子ども自身が集団の輪の中に入って活動することに前向きになれるようにしながら、無理強いはしない**ような伝え方を心がけると良いでしょう。

伝え方

T　教室で読書をしていることが多いけれど、読書好きなの？
C　はい、好きです。
T　そうなんだね。面白そうな本、読んでいるもんね。ところで、友達と一緒に遊びたいなと思うときってある？
C　正直なところ、一人でもいいかなって思っています。
T　なるほどね。一人でいる方が楽な時間もあるかもしれないし、無理させるつもりはないんだけれど、先生は色んな人とのつながりも大切にしてほしいなと思っています。読書の世界って自分の想像で広がる部分もあって面白いのと同じように、友達と作る世界もどんどん広がるはずだから、似ているところもきっとあると思っています。だからこそ、〇〇さんにはそういう世界も体感してほしいなと感じています。一人だと緊張するなら、今度先生から誘うから、他の子も含めて一緒に遊んでみない？

「実はなかなか輪に入れなくて……」という反応であれば、教師が一緒になって輪に入ることで、友達との関係を築きやすくなり、負荷も減るでしょう。**一人で過ごすことを否定するのではなく、世界を広げることに導く**ような伝え方をすると良いです。

本を通してつながりを

また、集団とのつながりの中では、その子がやりやすいことを取り入れてあげることも大切です。今回は本好きな子だと想定して、本を通して集団とのつながりを作れるような伝え方を紹介します。そうすることで、周りの子の中には本に興味を持って、関わりを作ろうとする子も出てくるかもしれません。

伝え方

T　○○さんが本を好きなことは先生によく伝わったから、ぜひクラスで本の紹介をしてみてはどうかな？　朝のスピーチの時間を使ってみても良いと思いますよ。
C　いきなり本の紹介って変じゃないですか？
T　先生がスピーチのテーマを決めようと思うんだけど、そのときに「私の好きな○○」にしたらやりやすいんじゃないかな？　一人で読んでいるものを他の人に伝えるだけで、きっと興味のある子も出てくると思うし、話題にもなると思うよ。

クラス内のシステムを活用したり、調整したりすることで安心させることも必要です。

24 成績を見て落ち込んでいる子

テストや通知表が返却されたときに、落ち込んでいる子への伝え方です。自分が満足できていないことが落ち込む原因になっているはずです。次のゴールを見据えて、そこまでの道筋を示してあげることで、次への一歩を踏み出すことができます。

必ず自己評価をさせる

成績を見て落ち込んでいる子は、結果だけを見て判断していることが多々あります。つまり、点数や評価などを見て満足いくかいかないかによって決まってくるということです。このときに大切なのは、**自分のこれまでの歩みをしっかりと振り返らせること**です。何もしていなくて今の結果があるのと、自分なりに必死で努力して今の結果があるのとでは、その重みはまるで異なります。ですから、成績が出るまでの自分自身の学びに対する姿勢や取り組み方を見つめることから始めるべきです。

伝え方

T　今回の結果が○○さんにとって満足できないっていうことは、その涙からもよく伝わってくるよ。先生は、この結果だけで全てを判断するのではなく、これまでの自分の歩みを振り返ることを大切にしてほしいと思っています。だから、少し一緒に振り返ってみましょう。テストに臨む前の自分の学びの姿勢や取り組み方ってどうだったと思う？

C　自分なりには一生懸命やってきたつもりです。

T　そうなんだね。じゃあ、もうこれ以上できることはないっていうくらい自分の中では努力できたと思えるかな？

C　宿題の丁寧さについては、まだ自分で直していけるところだと思います。

T　そこまで見えているのは立派だね。宿題の取り組み方で、まだ力が伸びると思っているなら、それを次に活かすことでまだまだ伸びしろはあると思います。結果を見て、次にどのようにつなげるのかってすごく大事な力です。○○さんが振り返っている様子を見ていても、その力があると感じられるよ。そういう振り返りが次のステップにつながるからね。

振り返ることをした上で、まだ改善の余地があるのであればそこを追求できるようにサポートしていく姿勢を教師が見せるだけでも、子どもはまた自分の足で一歩ずつ進んでいけるでしょう。**落ち込むことが悔しさであり、次への糧になること**を伝えてあげると、気持ちが楽になることもあります。

この瞬間の気持ちを大切に

落ち込んでいる状態のときには、悔しさや悲しさなどの感情があるはずです。そして、そうした感情がまだはっきりとしていて、冷めていないうちに、**その感情が悪いわけではないことを伝えてあげる**のは効果的です。スポーツで、負けたその日の気持ちを忘れないようにしようと声かけをするのにも近いでしょう。「この瞬間に感じているものには価値があるのだ」と感じられる、貴重な時間になるはずです。

伝え方

T 落ち込んでいる今のような状態のときって、明るい気持ちではないですよね。でも、満足いかないし悔しいと思うから、落ち込んでいるんだと思います。だからこそ、その気持ちを忘れないでほしいし、今この瞬間感じていることを大切にしながら次につなげてほしいなと思っています。

子どもが感じている気持ちを理解することは、伝える上で欠かせないことです。

25 新年度になっても会いに来る昨年度のクラスの子

新年度になったとき、昨年度のクラスの子が自分のところに何度も会いに来るときに伝えることです。決して悪いわけではないということは前提としつつ、新たな環境でチャレンジすることに向けて、背中を押してあげられるような伝え方です。

本当に嬉しいことを伝える

新年度になってからも自分のところに会いに来てくれる子どもがいたら、それは嬉しいですよね。子どもたちからの信頼があるのかなと感じられる瞬間でもあり、ほっこりする方も多いのではないでしょうか。ただ、それをそのままずっと続けているのは、新たな担任の先生にとってはやりづらく感じられるかもしれません。子どもにとっても、新たな環境でのチャレンジがスムーズに進まなくなるかもしれません。だからこそ、**「本当に嬉しいことは、先生から離れても、これまで学んだことを次のステージで活かしてくれていることだよ」**というメッセージを伝えると、背中を押すことにもつながります。

伝え方

T　〇〇さんの元気な顔を今年も見られて、嬉しく思っているよ。ただ、今日先生から伝えたいのは、次のクラスで新たな先生や仲間と頑張ってほしいってことです。先生に会いに来てくれることはとても嬉しいよ。でも、それよりももっと嬉しいのは、次のステージでも、去年のクラスで学んだことを活かして頑張っている姿を見られることだなと思っています。先生は変わるし、仲間も変わるけれど、〇〇さんが新たな学年のクラスで頑張っているところを通りがかったときや行事のときに見られることが、先生にとっては何よりの楽しみです。先生も去年のクラスは最高に楽しかったし、絶対に忘れないから大丈夫。新たなクラスでも自信を持って取り組んできてね。

学年末に、クラス全体に話しても良い内容かと思います。このように伝えることで、「よし、頑張ろう」と思って新たなクラスで取り組めるようになっていくことが期待できます。これから色んな人と出会っていく中で、**様々な人から学ぼうとする姿勢**を育てることは大切です。

いつでもあなたの支えになる

ただ、それに加えて伝えるべきなのは、**「何かあったらいつでも助けになるよ」**というメッセージです。もしかすると、学校生活の中でとても困ることがあって、自分のことを頼りたいと思うときがくるかもしれません。そうなったときに、自分のことを信頼してくれている子どもに、いつでも支えになることを伝えるのは欠かせません。学校生活を安心して送れるようにしてあげることは忘れないようにしたいものです。

伝え方

T　新たなクラスで頑張ってきてほしいけれど、一つ伝えておくね。何か困ったことや悩んだことがあったときには、もちろんいつでも相談に乗ります。どうしようもないくらい困ったときには、先生も助けるし、そこは今年になっても変わらないよ。いつでも◯◯さんの支えになるからね。安心して楽しい学校生活を送ってください。

本当に子どもが来たときには、新たなクラスの先生とも連携を取りながら進めると良いと思いますが、子どもに安心感を与える存在として自分がいられるのなら、そのことを子どもに伝えておくのは大切だと思います。ここで紹介した二つの伝え方は、**次のステージに向けて背中を押しつつも、安心させられる伝え方**です。

あとがき

ここまでお読みいただきありがとうございます。皆さんの心に響いたり、ぴんときたりした伝え方はありましたか？　そうしたものが一つでもあったのなら、皆さんのアンテナが高かった証拠だと思います。自分の中である程度のパターンができ上がっている方なら、それを変えることには勇気がいるものです。それにもかかわらず、本書を通して引き出しをさらに増やそうとされている方々がいれば、きっと子どもたちに還元されることと思います。

私自身も、最初から伝え方をマスターしていたわけではありません。もっと言うと、今でも完璧とは言い切れません。いまだに子どもたちの姿を見て迷うときはありますし、この伝え方で良かったかなと振り返ることもよくあります。でも、そこに教師としての伸びしろがあるのではないかなと感じていますし、それをなくした瞬間、子どもの心は知らず知らずのうちに離れていってしまうのではないかなと危惧しています。

新任の頃、本当に多くの先生の真似をしてきました。自分のスタイルなんて全く考えずにとにかく真似をし続けて、学級経営が上手くなることだけを考えていました。今振り返ってみると、その中の一部に「伝え方」もあったなと感じます。放課後の教室に一人で丸付けをしているとき、グラウンドから聞こえてくる先生の子どもへの声かけを聞きながら、「この言葉かけは良さそうだな」「今度子どもたちへの伝え方を変えてみよう」と考えていました。それが、今でも続いているだけなのだと思います。

伝え方を磨いていくために大切なことは、皆さんは何だと考えますか？　私が考える答えは、多くの人の考え方や生き方を知ることにあると思っています。私はスポーツ観戦が好きなので、とにかく多くのスポーツの情報を手に入れて、それをもとにスポーツを見るのですが、それだけでもたくさんのドラマがあって、人の心を動かしている瞬間を何度も感じられるのです。私自身の引き出しの中には、そうしたことがもとになっているものが本書で紹介した以外にもまだまだたくさんあります。自分一人の考え方だけで、表現を豊かにしたり伝え方を磨いたりすることは、なかなか難しいものです。そのために、色んな人の考えに触れる機会を自ら意図的に作ることは、欠かせないと思います。

さらに、伝え方が上手な人は、そう感じさせるための技を持っています。聞いていて「なるほど」と感じさせられる人に共通していることです。ですから、一流の人のプレゼンを見るのも刺激的で、参考になることがいくつもあるはずです。例えば、Apple の創業者であるスティーブ・ジョブス氏のスピーチは有名ですが、そこに惹き付けるものがあるからこそ、自分にできることは取り入れようとするべきだと思います。テクニックを抜きにして伝え方を磨き続けることはできませんし、避けては通れません。子ども相手にプレゼンをするというわけではなくとも、相手の心に訴えかける姿勢として、学べることが多くあるでしょう。

学級経営や集団をマネジメントする上で、「伝え方」を身につけることが大いに役立つ場面があると確信しています。だからこそ、本書を通して皆さんにお届けすることを決めました。学級は、人と人との関係性の中で成り立っている以上、どれだけシステムが良くても、最後は人の気持ちを動かすことができなければ成立しないものです。「伝え方」が人の心を動かすための鍵となるのであれば、これをマスターしていくことで、学級経営や集団マネジメントで救われる人がきっといると思います。

本書は、子どもへの伝え方の内容でしたが、組織で働く以上は、大人への伝え方も考えることになるはずです。「どんな言い回しをすれば、角が立つ言い方にならないか」「相手を傷付けず、かつ勇気づけるためにはどんな言葉をかけてあげると良いか」といったことを、誰しも考えておられるのではないでしょうか。「相手のことを考える」というのは、まさにこのことなのだと思います。大人と子どものどちらが相手であったとしても、伝え方一つで大きく変わるのです。

これからも、皆さんが誰かに何かを伝えるときのために、自分の伝え方を磨き、それが相手との関係を良好なものにしていく手助けになってくれることを願っています。本書が少しでもそのお役に立てていれば幸いです。ぜひ、これからも互いに伝え方を磨き続けましょう。「伝え方」が、皆さんの学級経営を豊かなものにしてくれますように。

最後になりますが、本書の出版にご尽力いただきました明治図書出版の大江さんには改めて感謝しかありません。企画段階から何度もお打ち合わせをさせていただきながら、こちらの思いも汲み取っていただき、とても嬉しく思っています。本当にありがとうございました。

２０２４年12月

山田　航大

【著者紹介】
山田　航大（やまだ　こうだい）
立命館小学校教諭。1993年，京都府生まれ。
2015年立命館大学法学部卒業。新採として京都市立桂東小学校に着任。３年間の経験を経て，2018年より立命館小学校に着任。現任校に赴任後，20代からミドルリーダーとなる役職を担い，これまでにICT 教育部長や学年主任，教科主任など幅広く歴任。企業や専門家とも連携した実践を展開している。第37回東書教育賞では『子どもたちが社会に向けて提案する課題解決型学習の可能性』というテーマで優秀賞受賞。

［著書］
『教師１年目が超ラクになる思考転換50』明治図書出版，2024

学級に、子どもに、届く言葉がすぐ見つかる
教師の「伝え方」大全

2025年２月初版第１刷刊 ©著　者　山　田　航　大
発行者　藤　原　光　政
発行所　明治図書出版株式会社
http://www.meijitosho.co.jp
（企画）大江文武（校正）奥野仁美
〒114-0023　東京都北区滝野川7-46-1
振替00160-5-151318　電話03(5907)6701
ご注文窓口　電話03(5907)6668

＊検印省略　組版所　株式会社木元省美堂

Printed in Japan　ISBN978-4-18-280013-9